"中国丝绸文物分析与设计素材再造关键技术研究与应用"项目 (2013BAH58F00)

中国古代丝绸设计素材图系

ORNAMENTAL PATTERNS FROM ANCIENT CHINESE TEXTILES
LIAO AND SONG DYNASTIES

辽宋卷

赵丰◎总主编　　徐铮　蔡欣◎编著

浙江大学出版社

总　序

赵　丰

丝绸是中国古代最为重要的发明创造之一，距今已有五千多年的历史。自起源之日起，丝绸就是技术与艺术的完美结合。一方面，她是一项科学技术的创造发明。先人们栽桑养蚕，并让蚕吐丝结茧，巧布经纬将其织成锦绮，还用印花刺绣让虚幻仙境和真实自然在织物上体现。在这一过程中，就有着无数项创造发明，其中最为巧妙和重要的就是在提花机上装载了专门的花本控制织物图案，这直接启蒙了早期电报和计算机的编程设计。同时，丝绸印染也是我国古代科技史上的重大发明，汉代的雕版印花技术是最早的彩色套印技术，对印刷术的发明有直接的启发；而唐代的夹缬印染技术也是世界印染史上的一大创造发明，一直沿用至今。另一方面，丝绸更是一门艺术，一门与时尚密不可分的艺术。衣食住行衣为首，蚕丝纤维极好的服用性能和染色性能，使其色彩远较其他设计类型如青铜、瓷品等更为丰富。所以，丝绸能直接代表服用者的地位和特点，能直接代表人们对时尚和艺术的喜好；丝绸的艺术为东西方所推崇，成为古代中国最为重要、最受推崇的艺术设计门类。

与其他门类的文物相比，丝绸在中国历代均有丰富的遗存。最早的丝绸出土于五千多年前的新石器文化遗址中，在商周早期的各种遗存中也可以找到不少丝绸的实物。而完好精美的丝绸织绣服装在战国时期的墓葬中开始大量出现，如湖北的江陵马山楚墓、江西的李家坳东周墓。汉唐间的丝绸出土更是数量巨大、保存精好，特别是丝绸之路沿途出土的汉唐间的丝绸更为重要，其中包括了来自东西两个方向的丝绸珍品，丝绸图案中也体现了两种艺术源流的交融和发展。宋、元、明、清各代，除相当大数量的出土实物外，丝绸还有大量的传世实物。这些实物一部分保存在博物馆中，特别是如北京故宫博物院一类的皇家建筑之中；另一部分保存在布达拉宫等宗教建筑之中。这些丝绸文物连同更为大量的民间织绣，是中国丰富的文化遗产的一部分。

在丰富的实物遗存中，丝绸为我们留下了极好的设计素材，成为我们传承和创新的源泉。因此，由浙江凯喜雅集团和中国丝绸博物馆牵头，联合浙江大学、东华大学、浙江理工大学、浙江工业大学、浙江科技学院等高等院校，根据国家文化科技创新工程的要求，我们申报了"中国丝绸文物分析与设计素材再造关键技术研究与应用"项目（2013BAH58F00），开展了相关研究工作。其主要目的是加强高新技术与织造、印染、刺绣等中国传统工艺的有机结合，研究建立文化艺术品知识数据库，促进传统文化产业的优化与升级，在传承民族传统工艺特色的基础上，推陈出新，让古老的丝绸焕发新的生命力。

我们的项目从2013年开始，到2015年年底恰好三年，已基本完成。项目包括三个课题：一是丝绸文物信息提取与设计素材再造方法研究，二是丝绸文物专家系统研发，三是丝绸文物创新设计技术研究与技术示范。其中第一部分是中国丝绸文物的基本素材的收集与整理，这一课题的负责人是周旸，参与机构有中国丝绸博物馆、东华大学、浙江工业大学、浙江科技学院，其中设计素材部分的主要参加人员有王乐、徐铮、汪芳、赵帆、袁宣萍、苏淼、俞晓群、茅惠伟、顾春华、蒋玉秋、孙培彦等。我们按照收集的材料，把所有的设计素材整理分成十个部分出版。

这里，我们要感谢科技部和国家文物局站在历史和未来的高度提出这一文化科技创新项目的设计，感谢浙江省科技厅对我们申报这一项目的大力支持。感谢项目中三大课题组成员的相互配合，特别是感谢第一课题组各成员单位齐心合作，收集整理了数千件中国古代丝绸文物的设计素材。最后，我们也衷心感谢浙江大学出版社对中国丝绸博物馆和中国丝绸文化遗产保护的一贯支持，使得这一图系顺利出版。我们期待，这一图系能为祖国丝绸文化遗产的传承和发展起到应有的作用。

交融生辉——辽宋时期的丝绸图案艺术

徐铮　蔡欣

宋王朝建立以来，由于连年战乱及气候变化，北方传统丝绸产区的丝绸生产规模日渐萎缩，长江中下游地区的丝绸生产重心地位则日益凸显，特别到了南宋时期，该地区已一跃成为最重要的丝绸产区。辽宋时期的蚕桑丝织技术沿着隋唐时期形成的新体系方向逐步完善，丝绸品种十分丰富，表现在图案上，两宋的丝绸图案以写实性较强的花鸟纹为主，清淡自然，端正庄重，而辽代的丝绸图案则出现了大量具有北方特色的纹样，体现出明显的南北异风特色。同时，宋辽之间的经济文化来往也使当时很多丝绸图案显示出契丹草原文化与汉族农耕文化互相融合的特点，特别是辽代的丝绸图案，因为受宋代文化的影响逐渐走向成熟。

一、辽宋丝绸出土分布

（一）宋代丝绸文物出土分布

与其他朝代相比，宋代丝绸文物的出土并不算丰富。北宋时期的丝绸文物主要发现于一些佛塔的塔基或地宫，较为重要的共有五处：一是江苏镇江甘露寺铁塔塔基，二是浙江瑞安慧光塔塔身，三是江苏苏州虎丘云岩寺塔塔身，四是江苏苏州瑞光塔塔心窖穴，五是近年来发掘的江苏南京长干寺北宋地宫。而在葬墓中发现大量丝织品只有1973年发掘的湖南衡阳何家皂山北宋墓一处。相较之下，南宋丝绸文物的发现较为理想，江南地区的不少南宋墓葬中均出土了较为丰富的丝绸文物，如江苏武进村前南宋墓、江苏镇江金坛周瑀墓、浙江兰溪南宋潘慈明夫妻合葬墓、浙江武义徐谓礼墓、浙江余姚史嵩之墓、浙江黄岩赵伯沄墓、江西德安南宋周氏墓、福建福州黄昇墓和福建福州茶园山宋墓等，特别是后四座墓葬，均有大量丝绸集中出土，这些丝绸成为南宋丝绸图案设计的重要代表。

1. 江苏南京长干寺北宋地宫

2007年初，南京市博物馆在江苏省南京市秦淮区中华门外雨花路东侧秦淮河畔长干里对明代皇家寺院大报恩寺遗址进行发掘时发现了建于北宋大中祥符四年（1011）的长干寺真身塔地宫重要遗迹，并从地宫中发掘出近百幅种类繁多的北宋丝绸文物。这批北宋早期的文物在6.75米深的地下和密封程度极好的铁函中安放千年，保存完好，以平纹地暗花织物为主，此类织物的织造大多使用多综多蹑机，图案简洁，纹样循环小。而另一类斜纹地暗花织物则很可能使用束综提花机织造，纹样循环更大，造型也更为多变。

2. 湖南衡阳何家皂山北宋墓

1973年，在湖南省衡阳县金星公社福兴大队何家皂山发现一座北宋墓，墓主为一男性。墓中出土大量丝麻织物。经整理共有大小衣物及服饰残片200余件（块），种类有袍、袄、衣、裙、鞋、帽、被子等，品种有绫、罗、绢、纱等几类。暗花绫织物是其中重要的一类。织物图案多以连钱纹、方格纹、菱形纹及圆形小点花纹等小几何图案为主，除菱形纹、方格小点花纹等小型纹样外，还有狮子滚绣球藤花纹、缠枝花果童子纹、仙鹤藤花纹、缠枝牡丹莲蓬童子纹等中大型纹样。

3. 福建福州黄昇墓

1975年10月，福建省博物馆在福州市北郊浮仓山发掘了黄昇墓，墓中出土了大量南宋时期的丝织品。按照墓志中的记载，墓主人黄昇，为卒于南宋淳祐三年（1243）的官吏之妻，享年才17岁。夫家祖父，即宋太祖赵匡胤的第九世孙赵师恕厚葬了这位英年早逝的孙媳妇。该墓出土的各类服饰及丝绸质量上乘，数量众多，共计354件，其中服饰200余件，各种织物150余件。品种繁多，几乎囊括了绫、罗、绸等当时高档织物的品类。衣物款式也很齐全，除了袍、衣、背心、裤、裙、抹胸、围兜等外，还包括香囊、荷包、卫生带、裹脚带等物品。

4. 江西德安南宋周氏墓

1988年9月，江西省德安县博物馆和江西省文物考古研究所在德安县郊桃源山发掘了周氏墓，墓中出土了一批南宋时期的丝织品。对于丝绸图案史研究而言，这是继福建福州黄昇墓之后又一座有代表性的南宋墓葬。据墓志记载，墓主人周氏为南宋时期新太平州（今安徽当涂）通判吴畴之妻，其父也是南宋的地方官员，卒于咸淳十年（1274）。墓中出土随葬物品408件，其中有包括袍、裙、裤、鞋、袜等在内的丝绸服饰80余件，丝绸残片和丝线等200余件。这些文物大多保存完好，品种包括罗、绮、绫、绢、纱、绉纱等，其中又以罗织物居多，反映了当时"薄罗衫子薄罗裙"的服饰风尚。织物除平素外，纹样大多以山茶、梅花、牡丹、芙蓉等折枝花卉为主。工艺以提花为主，另有少量为印花和彩绘。

5. 福建福州茶园山宋墓

1986年，考古人员在福建省福州市北郊茶园山发掘了一座保存完整的南宋墓葬，墓主人的尸身保存完好，其绝对纪年为南宋端平二年（1235）。该墓与黄昇墓的位置及年代均十分接近，出土珍贵丝织品400多件，其中很多丝绸品种和图案类型也与黄昇墓基本相同，但数量更大。

6. 江苏镇江金坛周瑀墓

1975年7月，考古人员在江苏省镇江地区金坛县（现金坛市）茅麓公社向阳大队，发现了一座南宋早期墓葬，墓主人为太学士周瑀。墓中出土了大量的服饰和丝织品，计衫16件、丝绵袄2件、抹胸1件、裳2件、蔽膝1件、裤7件、袜裤1件、履1双、褡裢1件。从织物种类来看，有素纱、提花纱、素罗、花罗、绮、绫等，以纱罗织物居多。其中纱、罗、绮有不少的图案变化，但多为矩形点、菱形、方格等几何形图案，其余多为花卉图案，包括单枝星菊、单朵梅花等折枝花卉，也有缠枝牡丹、山茶、桃花、天竺等中大型花卉图案。

7. 浙江黄岩赵伯沄墓

该墓发掘于2016年5月，墓主人赵伯沄为宋太祖七世孙，生于南宋绍兴二十五年（1155），卒于嘉定九年（1216）。墓葬保存完好，墓中出土的丝绸文物服饰形制丰富，涵盖了衣、裤、袜、鞋、靴、饰品等形制。其中衣的形制最为多样，有圆领衫、对襟衫、交领衫、抹胸等；裤亦有合裆裤、开裆裤、胫衣、裙裤等；饰品有帽、腰带、随葬玉器上的丝质编织带等。同时，织物品种齐备，包括绢、罗、纱、縠、绫、绵绸、刺绣等品种。

（二）辽代丝绸文物出土分布

辽是契丹人建立的国家，其中心位置位于今内蒙古和辽宁一带，因此，辽代丝绸文物的出土地主要集中在内蒙古东部和辽宁西部。其中最为重要的发现是1992年清理的内蒙古赤峰市阿鲁科尔沁旗耶律羽之墓，出土丝绸文物达100余件。内蒙古兴安盟代钦塔拉辽墓中也有重要发现，其中雁衔绶带锦袍及团窠莲瓣童子锦袍与耶律羽之墓所出织物完全一样，由此可以断定其墓葬年代及墓主人的身份也与耶律羽之非常接近。辽代中晚期的丝绸也有不少出土，其中最为重要的是位于内蒙古巴林右旗辽代庆州白塔塔顶发现的丝绸文物，其保存状况极佳，色彩鲜艳，图案设计精美。

1. 内蒙古阿鲁科尔沁旗耶律羽之墓

此墓位于赤峰市阿鲁科尔沁旗，于1992年被盗，随后由内蒙古考古研究所进行清理。墓主人是辽太祖耶律阿保机的堂弟耶律羽之，曾任东丹国的右次相，生前地位显赫，死于辽太宗会同四年（941），葬于次年。该墓出土了大量的丝绸文物，包括锦、绢、绮、绫、纱、罗、织金锦等各个品种，采用织造、印染、刺绣、描绘等工艺制作。此墓中最为引人注目的丝织品种类有三：一是缎纹纬锦。即采用五枚缎作为基本组织，以纬二重的方法使纬线表里换层而显花。这种缎纹纬锦虽在敦煌、辽国驸马赠卫国王墓中均有过发现，但一直未能引起人们的重视。二是妆花技术。唐代基本未见妆花织物，宋代的妆花也十分少见。此墓中出土的团窠花卉对凤织金锦一方面以缎纹纬锦为地，另一方面在织金处采用通经断纬的挖梭方法，使金线只用于局部范围，这就是妆花技术，对后世的影响非常大。三是织成的设计和织造方法。所谓织成就是将织物的图案按服装的要求进行设计和织造，此墓出土的花树狮鸟织成紫绫袍就是一例，其图案由上到下只有一个图案循环，中间为海石榴花树，树上有山鹧鸪鸟数只，树下为一对狮子，显然，这一图案设计与袍服的款式完全配套，织造时也专门按其式样织造。

2. 内蒙古兴安盟代钦塔拉辽墓

代钦塔拉辽墓群位于内蒙古兴安盟科右中旗代钦塔拉苏木西北2.5千米处的山峰南坡，共有9座墓葬，于1991年被盗，后兴安盟文物站和科右中旗文管所派人清理了墓葬。其中M3为男女合葬墓，墓主人身穿大量丝绸服饰，极显奢华，另有6包保存基本完整的丝绸服饰置于棺床左下角的地板上，品种包括绢、锦、缂丝、罗、绮、绫等，其中罗、绮、绫等织物图案以圆点、小菱格等小型纹样为主，而锦、缂丝等织物的图案则比较繁复，以龟背重莲童子雁雀纹等遍地花卉图案为主。

3. 内蒙古巴林右旗辽代庆州白塔

辽代中晚期出土的丝绸文物以巴林右旗辽庆州白塔塔顶发现的丝织品最为重要。白塔建成于辽圣宗重熙十八年（1149），这些出土的丝绸文物属于皇室供奉给白塔的供品，等级很高，它们的保存情况极佳，色彩至今还非常鲜艳。这些丝绸虽然种类不多，大多为罗绫之属，但非常有特色。一是其中的刺绣极为精美，一起出土的几件巾帕类刺绣，两件绣有龙纹和山云之属，另两件绣有树纹花卉蜂蝶等图案，还有一件是红罗地联珠人物纹绣。二是有不少夹缬作品，包括棕地云雁夹缬绢、莲花夹缬罗、萱草夹缬罗、红地松树夹缬罗等，这是辽代夹缬的集中发现，十分珍贵。

二、辽宋时期丝绸图案的题材、色彩及其构成形式

（一）辽宋时期丝绸图案的题材

在课题进行过程中，我们进行了认真调研，查阅了大量的辽宋丝绸资料，这个时期的丝绸图案题材多样，而且形式优美，色彩丰富，具有鲜明的时代特色和民族风格。尽管由于民族和地域的差异，图案之间会有所不同，但其主题纹样的演变规律基本上是一致的。当时流行的丝绸图案题材大致分成以下几类：（1）几何纹样；（2）植物纹样；（3）动物纹样；（4）其他纹样。每个大类里又包含很多类型，呈现出丰富而又独特的变化，加上各民族之间的影响以及对外来文明的吸收、创新，使得辽宋时期的丝绸图案既继承了前代图案的精华，又具有民族和地域特色，最终形成多姿多彩、具有鲜明时代性的图案特征。

1. 几何纹样

几何纹样是历史最悠久的一种丝绸纹样，并且长期占据着主流地位。辽宋时期是几何纹样大发展时期，几何纹样种类十分多样，仅宋代《营造法式》中记载的就有水纹、龟背、柿蒂、琐子、方格眼、球纹格眼和卍字曲水等几十种几何纹样。

与唐代的几何纹样相比，宋代的几何纹样更加端正庄重，而且种类丰富多彩，形式变化万千。由于受到丝织技术的影响，当时丝绸中的几何纹样主要为规则形，大致可以分为菱形、条纹和综合构成三种基本类型，出现了卍字、双胜、龟背、锁子、盘绦、瑞花、棋格、柿蒂、回纹、如意等程序化的几何纹样，同时这些几何纹样也常作为花鸟纹样的衬地出现。

宋代的几何纹样具有很强的吉祥寓意，如锁子纹，仿古代锁子甲的形状，有连绵不断之意；龟背纹，用来象征长寿；卍字纹，即卍字曲水，表示连绵不断；盘绦纹，有相倚衔接之意。此外，还有一些模仿其他实物形态的几何纹样，如棋格纹，因模仿棋子的盘格而得名；簟纹，即模仿编织物的各种纹理；水波纹则是模仿水波的形态；方形纹，即方形相连或相套。辽代的几何纹样应用也很丰富，并具有自己的民族特点，最具典型

性的当属球路纹、盘绦纹和卍字纹等。

（1）球路纹

在辽宋时期的史料中有多种与球或绦相关的丝绸图案名称，如"球路锦""真红雪花球路锦""盘球晕锦""盘球细雁晕锦"和"细球之锦"等。球路纹，又称毬路纹，是一种以圆相套或相接连续展开的几何纹。因我国古代最早的球是用动物毛纠结而成，所以圆形似球者曰毬。其中，只构一单独圆形的称为盘球纹；球路纹所交圆有六圆者，称为簇六毬纹；中间饰花者，称为填华毬纹；饰如雪花者，则称为簇六雪华，如耶律羽之墓出土的辽代球路飞鹤纹锦就是六圆相交的簇六球路纹。此外，还有一种球路纹以一个大圆环为纹样中心，组成主题纹样，上下左右和四角配以若干小圆环，圆圆相套相连，向四周循环发展，组成四方连续纹样，在大、小圆中间配以鸟兽或几何纹。这种纹样风格由唐代联珠和团花纹样发展而来，使用这种纹样的织锦即为球路锦，实物如新疆阿拉尔北宋墓出土的球路双鸟纹锦（即灵鹫纹锦）袍。锦袍纹样在大圆中饰以两只相背展翅的鸟，间饰花树，圆环上和鸟翅、鸟尾上用连钱纹、连珠纹、柿蒂纹、龟背纹进行巧妙装饰，球纹之间隙用四个鸟纹小团花相连。纹样生动灵巧，织工精细，整体效果十分和谐。

（2）盘绦纹

盘绦纹则是以绦带和结为纹样的图案，因连绵不断，变化万千，故有吉祥之意。如耶律羽之墓出土的盘球纹绫，图案为由盘绦卷绕而成的大球，大球之间再以绦带盘绕连接，另一件盘绦纹绫裤上的图案循环亦非常大。

（3）卍字纹

卍字是古代的一种吉祥符号，在古希腊、波斯、印度等国均有应用。辽宋时期丝绸文物中的卍字纹应用极多，有单独的，也有由多个卍字组成的连续纹样。后者被称为卍字曲水或卍字不到头，表示连绵不断、万事如意、永无尽头的吉祥意义。此外，卍字纹也常与方胜、米字、钱纹、梅花、树叶、折枝花等一起出现，形成直线与曲线、线与面多种元素的对比，繁而不乱，充满生机。

2. 植物纹样

辽宋时期人们对植物种类的发现和认识远超过唐代，唐代李绩、苏敬等编著的《新修本草》中记载药用植物600种，而宋代唐慎微所著的《证类本草》中记载的药用植物已达1122种，由此可见当时记载的植物类型已比较齐全。此外，辽宋时期的花卉品种大大超过前代，据称达到360余种。人工栽培花卉的技术更是大为发展，不仅文人士大夫们，连普通百姓也把养花、赏花作为时尚，这为丝绸纹样中植物纹样的兴盛奠定了基础。从文献记载的名字来看，就有牡丹、莲花、宜男、葵花、竹、芙蓉、樱桃、瑞草等。

而就实物所见，辽宋时期的植物纹样以各种写实花卉为主，即所谓"生色花"。与唐代花卉纹样的雍容华贵相比，当时的花卉纹样相对不太程式化，枝叶穿插自然生动，花瓣虽有简化归纳，但仍保持不同花种的特点。从福建福州黄昇墓和江西德安南宋周氏墓出土的丝绸文物来看，其花卉纹样的种类非常丰富，除了唐代流行的牡丹、茶花、荷花外，还出现了梅、兰、竹、菊等符合文人审美的"君子"花卉，如黄昇墓中出土的松竹梅纹缎。由于很多花卉纹样富有吉祥寓意，因此更广为流行，成为明清吉祥纹样的源头，而牡丹、芙蓉、山茶、月季、海棠、梅花等是这一时期花卉纹样的主流。

契丹民族生活本以游牧、渔猎为主，居无定所，受到汉族农耕生活方式的影响，才逐渐开始定居，并在庭园里栽种各种花卉。辽代统治者对适宜在北方栽种的牡丹情有独钟，不仅在皇家园林中大量种植牡丹，还将其赏赐给臣下。因此在辽代丝绸图案中，也可常见牡丹、菊花、莲花、石榴花、葵花、芙蓉、梅花等花卉纹样。

此外，受到宋代花鸟画勃兴的影响，丝绸中花卉与鸟蝶瑞禽的结合也随处可见，而且这些花卉与鸟类的配合也大多有一定的含义，如"花之于牡丹、芍药，禽之于鸾凤、孔翠，必使之富贵；而松竹梅菊、鸥鹭雁鹜，必见之幽闲"。因此，见诸记载的丝绸名品中有百花孔雀、穿花凤、云雁及瑞草云鹤等题材，在传世的宋代缂丝中则有缂丝紫鸾鹊谱等。

3. 动物纹样

动物纹样在隋唐之前极为盛行，广泛应用于各类器物的装饰之中。秦汉时期谶纬神学和福瑞之说的流行，使得当时的动物纹样具有较浓郁的神仙色彩。宋辽时期的动物纹样大量沿用了秦汉、隋唐时期的龙凤、麒麟、狮、虎等动物形象，但仍展现出了独特的时代特点。

龙纹很早就出现在中国丝绸的图案中，经五代至宋，龙纹造型进一步规范，并更趋于华美。同时作为封建皇权的化身和御用纹样，龙纹作为丝绸图案的规定越来越严格，据南宋洪迈《容斋五笔》记载："（北宋）崇宁间，中使持御剳至成都，令转运司织戏龙罗二千，绣旗五百，副使何常奏：'旗者，军国之用，敢不奉诏。戏龙罗唯供御服，日衣一匹，岁不过三百有奇，今乃数倍，无益也。'诏奖其言，为减四之三。"可见戏龙罗是专供皇帝御服所用的。辽宋时期的织物，如长干寺地宫出土印金千秋万岁团龙中的龙纹，其形体已演变为粗体细尾的蛇蟒形，至尾部逐渐变细，脖子部分也较细，在造型上表现出一种威严的神态。

凤是传说中的神鸟，在古代是祥瑞的象征。秦汉时凤作为四灵之一，其形象得到大量的应用。这个时期凤的造型模仿自然界中的禽鸟而趋于写实，冠羽和孔雀类似，腿细长如鹤足，羽毛鳞状开始出现，双翼多张开，姿态生动奔放、秀丽灵活。此后，随着中国封建社会的发展，各项规章制度逐步完善，凤凰图案也由早期对祖先的图腾崇拜逐渐成为后妃的象征，其造型经过长期的发展到辽宋时期也基本定型，《宋书·符瑞志》中对此有详细的记载，称它"蛇头燕颔，龟背鳖腹，鹤颈鸡喙，鸿前鱼尾，青首骈翼，鹭立而鸳鸯思"。而目前所见的辽宋凤纹，其喙如鹰，头戴冠，颈羽修长，尾如花卉，与今天所见的凤凰纹相差不大。同时，凤纹由于具有美好吉祥的寓意，也深受辽宋时期民间妇女的喜爱。辽宋时期，凤纹逐渐世俗化，而且受花鸟画影响，多与花卉纹相配为饰，如凤穿牡丹纹，并渐渐地成为程序化的表现方式。

而在辽宋时期丝绸动物图案中最流行、最具北方特色的就是"春水秋山"纹样。"春水纹"是指鹘（海东青）捉鹅（天鹅）的图案，"秋山纹"是指山林虎鹿题材的图案。前者与辽史中记载的辽代皇帝"春捺钵"进行狩猎活动情景相吻合，后者与辽史记载"秋捺钵"活动相一致。辽墓所出的很多动物图案都可以归入此类，如耶律羽之墓中出土的刺绣鹰逐奔鹿、刺绣山林双鹿等，这类内容的丝绸图案充满了淳朴的山林野趣和浓郁的北国情调，极具草原游牧民族特色，虽内容大体一致，但每件的具体形式却绝无重复，达到了形散而神不散的艺术境界。

4. 其他纹样

除了上述这些纹样外，云纹、水波纹、菱格纹、仙道纹、婴戏纹等也是辽宋时期常见的丝绸纹样。

仙道纹样是其中较为特别的一种。与唐代对佛教的狂热不同，宋代在崇佛方面有所节制，宋真宗以后道教高于佛教，宋徽宗更是将道教作为国教来尊崇，所以天下道法大兴。而道教在辽代虽然不如佛教兴盛，但也深受契丹统治者的崇奉。在统治者的崇奉下，道教对社会生活的各方面影响很大。在当时流行的各种说唱、戏曲等文艺活动中，道教神仙故事都是重要内容。这些反映到丝绸图案中，不仅具有仙风道骨的道家神仙大受人们欢迎，连他们的骑乘仙鹿、仙鹤、神龟等也成为人们喜爱的、象征长寿吉祥的动物。因此丝绸上常见穿道教服饰的仙人和道童，与鹤、鹿、龟等元素组合在一起，画面中也往往有流云、山峦、流水、花树等元素，营造出神话中道家修炼的仙境。如耶律羽之墓出土的绫地泥金填彩团窠蔓草仕女，其主题为一持花仕女，带有花冠，可能就是一位女道士，或与道教相关，正和宋代史料中的"仙纹"相对应。

而在仙道纹样中，仙人骑凤或仙人跨鹤图案是最为常见的，尤其在辽代丝绸中有大量发现。据汉刘向《列仙传》记载："萧史者，秦穆公时人也。善吹箫，能致孔雀、白鹤于庭。穆公有女字弄玉，好之，公遂以女妻焉，日教弄玉作凤鸣。居数年，吹似凤声，凤凰来止其屋。公为作凤台，夫妇止其上不下数年。一旦，皆随凤凰飞去。故秦人为作凤女祠于雍宫中，时有箫声而已。"根据这个故事，人们演绎、延伸出了多种形式的仙人骑凤或仙人跨鹤图案，仙人或为体态优雅的女子，或为宽衣博带的道者，在祥云中骑凤鹤飞舞，可见辽代在丝绸艺术上受汉代影响之深。

另一方面，辽宋时期，由于战乱频繁，人口较前代下降了很多，因此人们自然寄希望于多生育，增加人口。在这样的时代背景下，辽宋时期的丝绸图案中出现了大量的婴戏图案，如耶律羽之墓出土的方胜纹奔兔婴戏牡丹纹绫等。所谓"婴戏"是指描绘儿童游戏及生活场景的一种纹样，画面普遍生动活泼，情趣盎然，充满着童真的情趣和吉祥的意蕴。这种图案的大量出现，不仅反映出人们期盼家业兴旺、种族繁衍的愿望，也表现出为了国家强盛、民族兴旺，期盼多子多孙、人丁兴盛的心情。

（二）辽宋时期丝绸图案的色彩

宋代除了在政治上表现得较为保守外，在思想上也受到"理学"的统治和束缚。"理学"要求人们规范自己的言行举止和是非观念，起到了维护社会稳定的作用，同时也深深地融入到了整个时代的审美中。宋代丝绸图案的色彩不如唐代鲜艳，其纹样的配色表现得素淡清雅，与写实化的纹样风格相协调，总的色彩倾向于清淡柔和、典雅庄重。其中，单色的提花或印花织物较多地以茶色、褐色、棕色、藕荷色和绿色等间色或复色为基调，配上白色，或淡或重于地色的同色系花纹，极为淡雅恬静。织锦、刺绣、缂丝等多种颜色齐用的丝织物同样一反唐代使用强烈对比色、以色彩面积差异及金银黑白灰的间隔求得色彩统一的配色方法，而改为采用降低地色和主要纹样颜色的对比度和饱和度，使用地色与纹样色之间调和色的调和配色法。纹样色彩柔和明朗，并与纹样形式协调一致，构成了宋代丝绸图案色彩或典雅庄重或恬淡自然的优美意境。

辽代的丝绸文物由于保存情况的关系，多数出土时已褪色。根据检测分析可知，当时常用的色彩有五种，即金色、银色、红色、黑色和白色，这是中国丝绸装饰中传统的五色。

（三）辽宋时期丝绸图案的构成形式

辽宋时期文化繁荣，丝绸图案在题材上也极为丰富，形式有了更加多样的变化。由于当时人们对植物的热爱，植物题材在丝绸图案中应用广泛，表达写实的折枝、缠枝和串枝式构图成为当时尤其是宋代丝绸图案的代表形式。另外，当时描摹绘画的欣赏性刺绣及缂丝纹样的兴起，也使得丝绸纹样形式在布局与组合上更加自由。

通过对这个时期丝绸图案构成形式的分析，可看到其纹样的构成形式与现在平面设计归纳出的设计形式十分一致，如团花式的纹样即现在所谓的单独纹样，也讲求画面的对称和均衡，而集中于袖、领、襟等边饰的纹样即二方连续，等等。单位纹样的构成方法，表现为写生花鸟的写实性、几何纹样的抽象性及自然形象的装饰性。根据现代平面图案的组织形式，辽宋时期丝绸纹样的构成形式可以归纳为以下几种。

1. 单独图案的构成形式

单独图案的构成形式讲究对称与均衡，内容均匀且疏密有致，单位纹样构成后，在织物上按米字构成骨架作规则散点式排列。新疆阿拉尔出土的北宋球路双鸟纹锦袍就是以单位球纹四方连续排列而成，大球纹与小球纹相连，大球纹内是两只灵鹫相背而立，左右对称，小球纹内花纹上下左右对称，变化多端。

2. 连续图案的构成形式

连续图案又可分为二方连续和四方连续，二方连续主要用于各种边缘装饰，如服装的领边与袖边等，四方连续则用于大面积平铺，有折枝、缠枝、散点、波纹等不同排列方式。

折枝花连续式是代表宋代审美意识的典型纹样构成形式，其特点是写实生动、恬淡自然。折枝花纹样通常采用牡丹等大朵花卉为主要题材，同时配以梅花等小花及叶、蕾等，秀丽典雅，如福建福州黄昇墓出土的褐色牡丹花罗、褐色牡丹芙蓉花罗等。

缠枝花连续式是一种四方连续的构成形式，结合了唐草纹和折枝花纹，将众多散点排列的写实性单位花卉纹样通过枝叶、藤蔓作曲线的连接、反转，使其相互连接。缠枝花纹样通常自然流畅，动静结合，生动自然，富有韵律感。在缠枝花纹样中，花卉分布均匀，枝条本身处于次要的地位，花叶相连，形成一种遍体开花的效果。

散点连续式是由一个以上不同的单位纹样作散点分布，各单位纹样互不相连，错落有致。由于不同单位纹样大小不同，排列起来具有一定的节奏感。

波纹连续式是将由花卉枝茎组成的波状曲线与每个凹谷处逆向弧线花纹相结合，如福建福州黄昇墓及江西德安南宋周氏墓出土的大量衣边就是一种波形的二方连续。这种图案将写生折枝花按照波状韵律线循环连续，由花卉枝茎组成的波状曲线与每个凹谷处逆向弧线花纹相结合，其中的波纹线由折枝花的花朵与花叶巧妙而自然地覆盖，隐蔽地显露出部分枝梗。

3. 综合图案的构成形式

辽宋时期丝织工艺的提高和设计意匠的巧思促进了纹样内容和构成的精进，常将多种纹样加以综合构成，其中最有代表性的就是"锦地开光"式样。"锦地"其实是以细锦作地纹，"开光"意同开窗，即在锦地上安置窠形的意思。耶律羽之墓出土的菱地团窠四雁衔花纹锦就采用了"锦地开光"的构图方式，在菱格纹地上装饰有团窠图案，其中团窠最中心为四瓣柿蒂小花，四角各有一只展翅飞翔的大雁，团窠的最外圈为一深蓝色的圆环，其中点缀缠枝花卉纹样，组织严密，纹样复杂华丽。

三、辽宋时期丝绸图案的艺术特点

（一）宋代丝绸图案的艺术特点

宋代的丝绸图案在继承了唐代丝绸图案艺术特点的基础上，根据时代的审美，有了创新性的变化，纹样本身增加了更多的写实性，纹样的意义也更多地被赋予特定的情感。如果说唐代的丝绸图案是以艳丽、豪华、丰满为其特色的话，那么宋代的丝绸图案则是以清淡自然与端正庄重为其时代风格，并表现出雅俗共赏的艺术境界。

此外，宋代丝绸图案的构成形式疏密有致，分布均匀，既没有繁密不透的构图形式，也没有过于稀疏和简洁的组织形式，形成了一种令人赏心悦目、心旷神怡的比例。同时，在色彩的装饰上，不论是何种题材的图案，其色彩均保持统一的色调和较低的纯度，即使是具有多彩配色的绘画性的缂丝和刺绣作品，其色彩的对比也不强烈，整体观感十分和谐。

（二）辽代丝绸图案的艺术特点

作为游牧民族，辽的农业和手工业的兴盛，得益于汉族的迁移和汉族工匠的俘获。一方面，唐代后期，由于战争原因及河北方面采取的开放政策，处于河北地区的汉人主动或被动流入契丹地区，使得辽代早中期的丝绸图案深受唐代的影响。另一方面，由于唐代服饰的图案题材常具政治伦理的内涵，能为封建政治制度服务，因而契丹统治者十分乐于吸收和仿效。从耶律羽之墓出土的花树狮鸟纹织成绫袍来看，其纹样依袍式作整体布局，保持了唐代风格，气势宏大。辽墓出土丝绸中大量的团窠和团花纹样，如独窠牡丹对孔雀纹绫、中窠杂花对凤妆金银锦、黄地团窠四鸟衔花纹锦、菱地团窠四雁衔花纹锦、回纹地团窠卷云双凤绫等显然也是对唐代团窠和宝花纹样的直接继承。但契丹族毕竟是草原民族，在发展自身文化的过程中，他们不断地表现出自身特点，其艺术风格没有唐代那么细致入微和富丽堂皇，而具有草原民族粗犷豪迈的特色，较为朴素和简化。

到了辽代中晚期，更多的丝绸图案则显示出契丹草原文化与宋代装饰艺术互相融合的艺术特点。随着宋朝廷的岁赐、聘使往来等各种官方形式的经济、文化交流，宋地大量丝绸产品流入契丹，如宋贺辽主、国母生辰的礼品中就有"绵绮透背杂色罗纱、縠绢二千匹，杂采二千匹"。同时，辽宋之间的民间来往也十分频繁，汉文化因素随之不断渗透到契丹，促进了文化的交流和发展，这也对辽代丝绸图案产生很大影响，使其丝绸图案受宋代文化的影响达到成熟高峰。如辽墓中所出土的缠枝花卉、小团纹牡丹等丝绸图案，在形式和图案风格上也与北宋汉族的丝绸图案几乎相同。

目
录

几何纹样

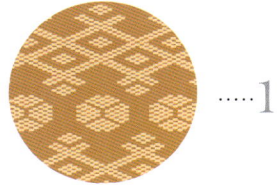

植物纹样

动物纹样

几何纹样

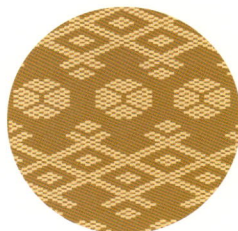

1 菱格小花纹

辽代：黄色菱格地四瓣小花纹绮

内蒙古宝山辽墓出土
中国丝绸博物馆藏

　　此件暗花绮织物采用并丝织法织造而成，在平纹地上以纬浮显花。其主题图案以菱格纹为骨架，在菱格之间填以四瓣小花纹样。这种骨架及纹样元素在相近时期的北宋织物中也常有出现。

2 十字纹

辽代：十字纹绫

内蒙古阿鲁科尔沁旗耶律羽之墓出土
中国丝绸博物馆藏

　　此件织物是一件采用并丝织法织造而成的斜纹暗花织物，即纬浮斜纹绫，因为采用了并丝法，所以表面呈现不规则斜纹效果，类似结构的织物在耶律羽之墓中有大量出土。其图案十分简洁，为斜向十字图案，呈二二正排。

3 菱格纹

辽代：菱格纹绫

内蒙古阿鲁科尔沁旗耶律羽之墓出土
中国丝绸博物馆藏

　　此件暗花绫织物采用纬浮长显
花。其主题图案采用菱格纹样，由
大小不同的三层菱形线框构成，呈
二二错排。在主题图案的左右顶点
及四边处点缀有小型菱格纹样。

4 几何纹

辽代：湖蓝色几何纹绫

内蒙古巴林右旗庆州白塔出土
内蒙古巴林右旗博物馆藏

　　此件为暗花绫织物，其图案整体呈条状排列，由圆点和折线构成枝蔓状的纵向线性骨架，中间点缀有四瓣小花图案。

5 菱格纹

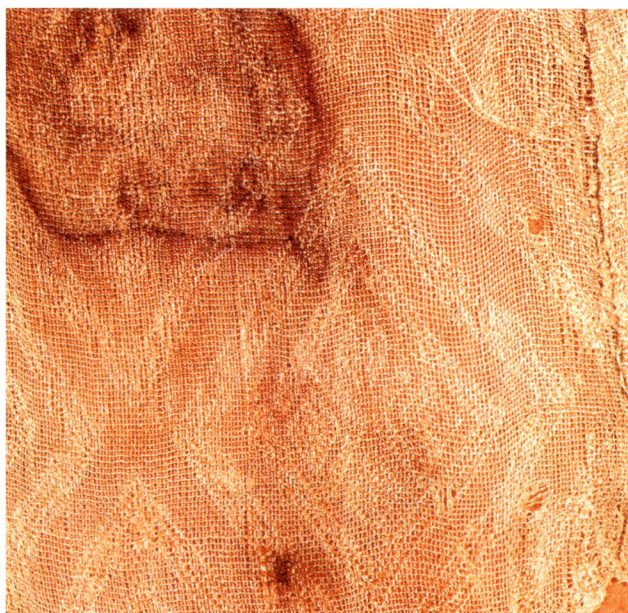

辽代：菱格纹纱

内蒙古科尔沁左旗小努日木辽墓出土
中国丝绸博物馆藏

　　这是一件暗花纱织物，在平纹地上以纬浮长显花。其主题图案为菱格纹样，中心由小型菱格构成，其外由大小不同的两层菱形线框构成，图案简洁明了。

6 菱格纹

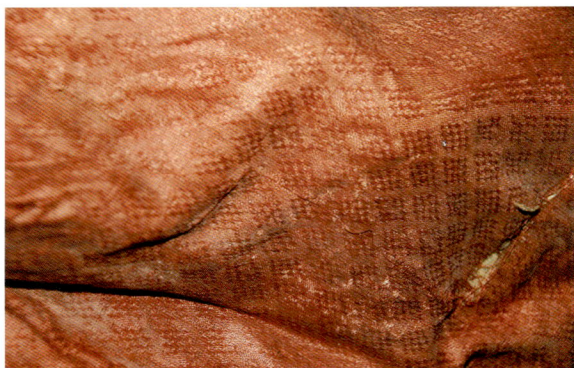

晚唐—北宋：暗红色菱格纹绮

新疆和田布扎克彩棺墓出土
和田博物馆藏

此件织物原用作女尸裙的面料，为暗红色菱格纹绮，平纹地上显菱格纹图案，裙里为暗红色绢。菱格纹经纬向循环2~2.1厘米。

赵丰，王乐，李薇，万芳.和田布扎克彩棺墓出土的织物与服饰.大漠联珠——环塔克拉玛干丝绸之路服饰文化考察报告，上海：东华大学出版社，2007.

7 方格纹

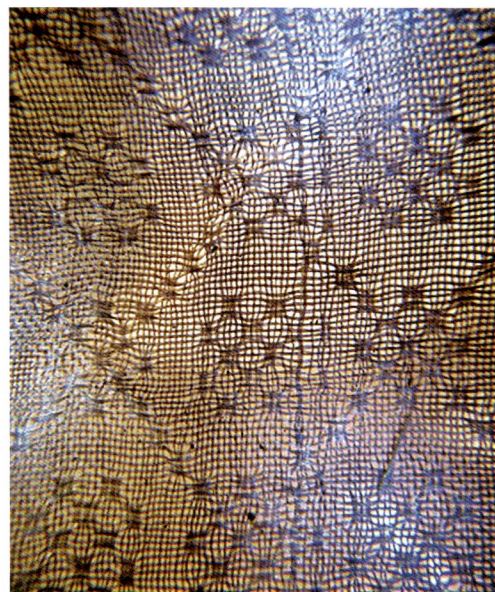

北宋：方格纹绮

江苏南京大报恩寺塔地宫出土
南京市博物馆藏

　　这是一件北宋真宗大中祥符初期（1008—1012）的织物。织物为正方形，表面遍布皱褶及紫红色晕染，局部有破裂和铜钱锈迹，在1/1平纹地上以纬浮长显方格纹花，纹样规整。幅边组织也为1/1平纹，纬向两边经过卷边处理。

8 几何纹

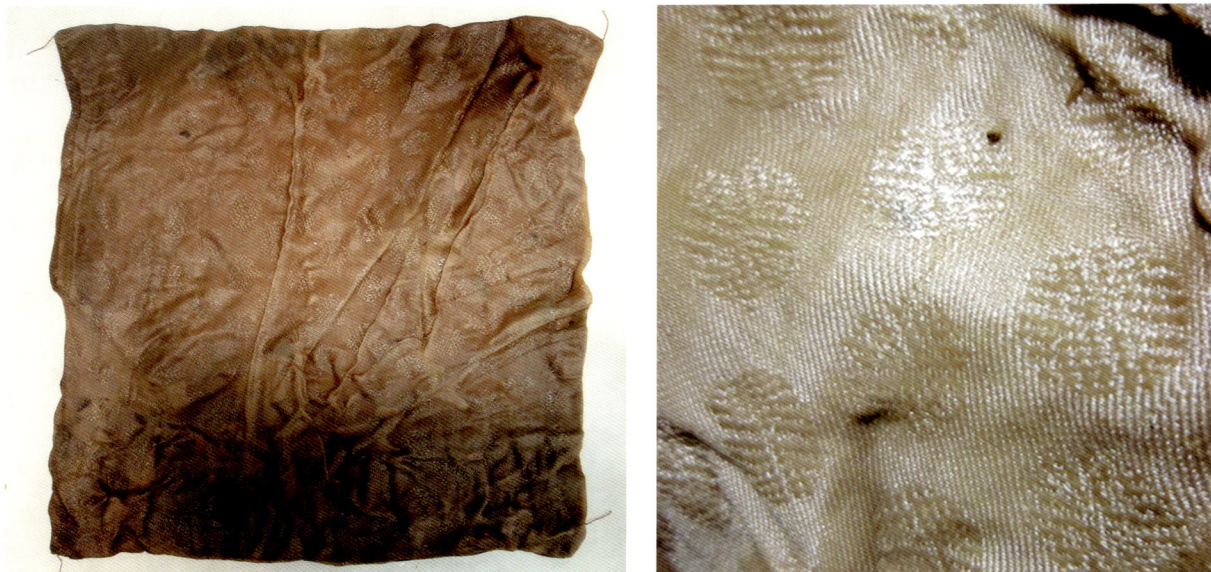

北宋：几何纹绫袱

江苏南京大报恩寺塔地宫出土
南京市博物馆藏

　　这是一件北宋真宗大宗祥符初期（1008—1012）的包袱，由两种织物缝合而成，其中包袱正面采用印金绫织物，衬里则为几何纹绫。此图即为该衬里织物，在3/1Z斜纹上以纬浮长显花，织出几何纹样，纹样大小约为3.2厘米×2.7厘米。

9 菱格小花纹

辽代：菱格小花纹绮

中国丝绸博物馆藏

　　此为一件暗花绮织物。绮的名称出现较早，一般把平纹地显花织物称为绮。图案以菱格为骨架，其中填入四瓣小型朵花纹样，几何意味较浓。

10 菱格卷云团花纹

辽代：菱格卷云团花纹绮

内蒙古宝山辽初壁画墓出土
中国丝绸博物馆藏

　　此件织物出土于内蒙古宝山辽初壁画墓，有多处破损，为暗花绮织物，现呈紫黑色。其图案以菱格形纹样为骨架，饰以卷云及团花纹样，有拼缝其他织物的痕迹。

11 几何纹

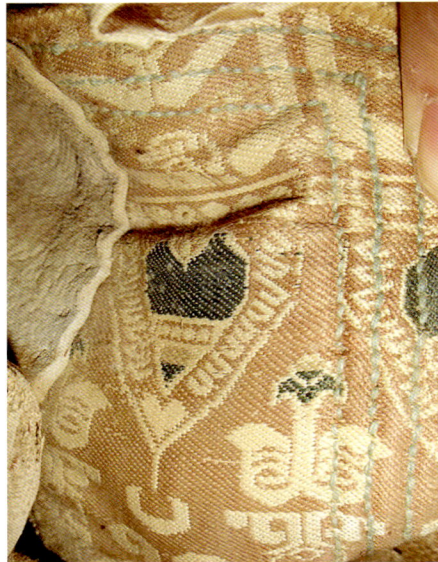

晚唐—北宋：棕黄色几何纹锦

新疆和田布扎克彩棺墓出土
和田博物馆藏

　　此件织物原作鞋面之用。此鞋出土于新疆和田布扎克彩棺墓，鞋头呈尖翘状，鞋底为皮质，鞋身面料为棕黄色几何纹锦，类心型。鞋两侧前片顶端钉有绢带，交叉穿过两侧后片顶端的绢带环系结。鞋口及鞋头拼接处缝有棕色装饰线，棕色装饰线下又缝有三道蓝色细线。

赵丰，王乐，李薏，万芳. 和田布扎克彩棺墓出土的织物与服饰. 大漠联珠——环塔克拉玛干丝绸之路服饰文化考察报告，上海：东华大学出版社，2007.

12 几何花纹

北宋：印金几何花纹百纳布

江苏南京大报恩寺塔地宫出土
南京市博物馆藏

　　此件百纳布由双层四经绞罗侧边缝合而成，共纳有128块、涉及十余种面料的三角形布片，包括四经绞罗、四枚异向绫、六枚同向绫、浮花绫、印金罗、提花罗等品种，纹样精美，做工精细。

13 矩纹

南宋：矩纹纱

江苏金坛南宋周瑀墓出土
镇江博物馆藏

　　此件织物地明花暗，属于亮地纱一类。图案以铜器上常见的"矩纹"为题材，用之于纱，不仅令人感觉清新，而且也弥补了平纹面积偏大所造成的发纰现象。图案与品种的配合，非常合理。

镇江博物馆，等.金坛南宋周瑀墓.考古学报,1977（1）：105–143.

植物纹样

14 缠枝花卉纹

南宋：缠枝花卉纹花绫

浙江宁波史嵩之墓出土
余姚市文物保护管理所藏

　　此件织物的图案是南宋时期较为常见的缠枝花卉纹样。花头较小，几与叶同，可辨认的有菊花、牡丹等。

15 莲花纹

南宋：交领莲花纹亮地纱袍

浙江黄岩赵伯沄墓出土
黄岩博物馆藏

　　这件织物在1∶1绞纱组织地上以1/1平纹组织显花。图案以莲花纹为主题，呈侧视状。在莲花上方是一荷叶纹，作俯视状。在相邻的两朵莲花之间装饰有四瓣朵花，其间有枝蔓穿插，若隐若现。

16 缠枝葡萄纹

南宋：缠枝葡萄纹绫开裆夹裤

浙江黄岩赵伯沄墓出土
黄岩博物馆藏

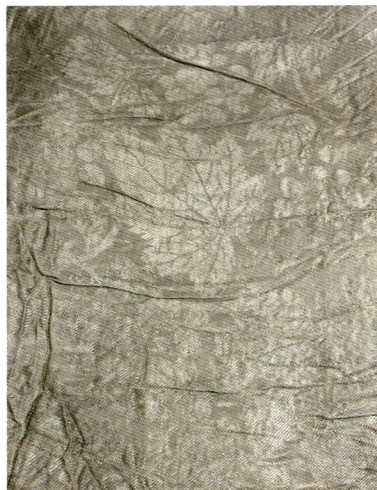

　　此件暗花绫织物以葡萄藤蔓为基本骨架，葡萄藤蔓延生长，果实累累。葡萄纹样早在公元三世纪就已引入中国的西北地区并被用作纺织品纹样。唐代以后，葡萄纹被更多地织入丝织品中。唐人施肩吾诗"夜裁鸳鸯绮，朝织葡萄绫"正是葡萄纹样流行的证据，此件葡萄纹绫正是延续这种风格。

17 大窠套环宝花纹

辽代：大窠套环宝花纹绫

内蒙古阿鲁科尔沁旗耶律羽之墓出土
中国丝绸博物馆藏

　　此件织物是一种典型的异单位同向绫，经密为50根/厘米，纬密32根/厘米。其图案主花是以八个如意套环套成的团窠环，其中填以四瓣的宝花作芯。宾花是十样小花。主花二二正排，一幅中共有两窠。这是一种属于大窠的两窠绫。图案经向循环为30厘米，纬向循环为28.5厘米。

18 团花纹

辽代：描红团花纹绫

内蒙古阿鲁科尔沁旗耶律羽之墓出土
阿鲁科尔沁旗博物馆藏

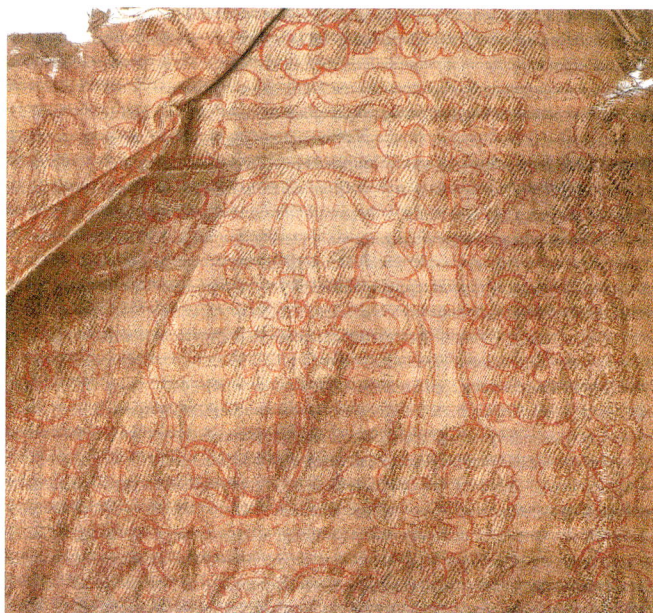

　　此为一件暗花绫织物。其上以朱砂进行勾边描画，图案采用团花形式，中心为一正视四瓣朵花纹，中间是四角各生长出一朵侧视花蕾，最外层同样由花叶纹样构成。

19 联珠梅花蜂蝶纹

辽代：蓝罗地联珠梅花蜂蝶纹刺绣

内蒙古巴林右旗辽庆州白塔出土
巴林右旗博物馆藏

    此件织物的图案中心为一枝独放的梅花，枝干呈S形扭转，下白上红，枝干根部有五瓣梅花，枝头用花蕾装饰。花枝两旁各有花草一簇，并有数对蜂蝶环绕。远方有云状山四处，或黄或蓝，左、右、下方由白色联珠圈勾边。

赵丰. 中国丝绸通史. 苏州:苏州大学出版社, 2005: 326.

20 联珠梅花蜂蝶纹

辽代：红罗地联珠梅花蜂蝶纹刺绣

内蒙古巴林右旗辽庆州白塔出土
巴林右旗博物馆藏

　　此件织物的图案中间为一竹一梅。竹竿呈S形，竹叶用黄色或绿色。梅枝用豆沙色，枝上尚有较多的互生花蕾，枝头有绿叶。左边梅竹之间有荷花与荷叶，荷花为三瓣，另有蓝色小花，形似莲蓬。山石之上还有树枝，山石之旁有小草数簇。远处有灵芝云朵，蝶飞蜂舞穿插其中。

赵丰.中国丝绸通史.苏州:苏州大学出版社,2005:325-326.

21 菊花纹

辽代：红地菊花纹锦幡

内蒙古巴林右旗庆州白塔出土
巴林右旗博物馆藏

　　这是一件斜纹纬锦织物。从保存下来的部分看，其图案呈左右对称排列，对称轴部分为一绿色叶纹，上下有枝蔓伸出，左右从枝蔓上各生出一朵菊花，作盛开状，特别是其花瓣部分采用深蓝、浅蓝、白色三色过渡，十分具有层次感。

22 蔓草纹

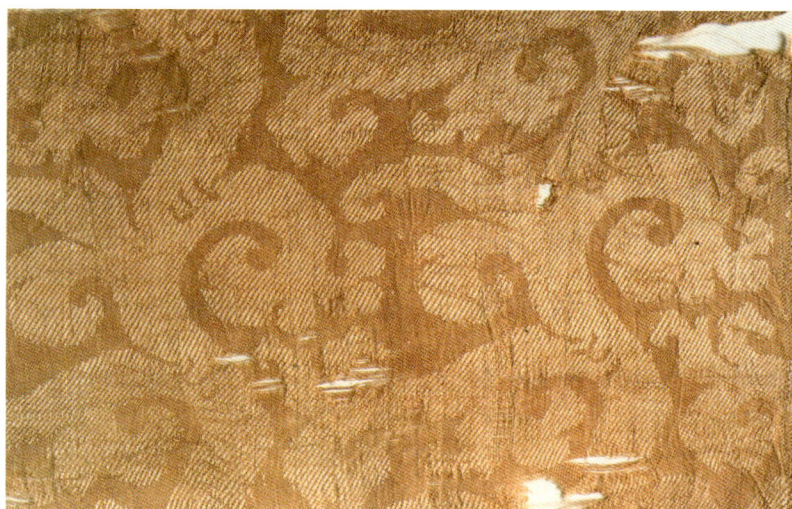

辽代：蔓草纹绫

内蒙古科尔沁左旗小努日木辽墓出土
中国丝绸博物馆藏

　　这是一件暗花绫织物。图案采用蔓草纹样，呈纵向排布，与唐代盛行的卷草纹样较为相似。类似的纹样在同时期的宋代织物中也十分常见。

23 折枝梅花纹

辽代：黄色折枝梅花纹绫

内蒙古巴林右旗庆州白塔出土
巴林右旗博物馆藏

　　此件织物的图案为折枝梅花，由枝干、花蕾和盛开的花卉构成。梅花图案在庆州白塔出土的辽代后期织物中有很多实物发现，事实上，梅花也是当时十分普遍的题材，在南宋和金代的许多织物中都可以看到，梅花纹呈现树枝分散的特点。

24 团窠芭蕉纹

辽代：白描团窠芭蕉纹罗

内蒙古阿鲁科尔沁旗耶律羽之墓出土
中国丝绸博物馆藏

　　芭蕉是一种多年生的草本植物，叶子大而宽，但此件织物中的芭蕉叶犹如卷云。这种纹样在内蒙古阿鲁科尔沁宝山辽墓壁画上也可以看到，在金史中也有相关的文字记载，应是来自南方的一种纹样。

25 刺绣小花

辽代：绿罗地小花纹刺绣

私人收藏

　　这是一个独立纹样，枝蔓略呈S形，共有小花三朵，其中两朵为正视状，另一朵则为侧视花蕾，具有较强写生意味。写生花卉图案在两宋时期的织物中十分多见，此件织物图案应也受到了这种艺术风格的影响。

26 团花纹

辽代：褐色八瓣团花纹绫

中国丝绸博物馆藏

　　此为一件暗花绫织物，由两块相同的织物缝合而成，并以黄色素绢背衬缝合，中间夹绵。其基础组织为在3/1S斜纹组织地上以纬线浮长显花。其主要表现题材为团花纹样，花呈八瓣，花型较大但较为规矩，其直径约在7.5厘米左右，其图象采用二二错排。

27 重莲团花纹

北宋：重莲团花纹锦

新疆阿拉尔出土
北京故宫博物院藏

　　这是一件纬锦织物，其主题图案
为团花纹，由两朵盛开的莲花以喜相
逢的形式构成，空隙处则以荷叶及枝
蔓填充成一适合纹样，显得古朴而具
有装饰效果。

黄能馥，陈娟娟.中国丝绸科技艺术七千
年.北京：中国纺织出版社，2002：155−157.

28 折枝牡丹纹

南宋：褐色牡丹花罗

福建福州黄昇墓出土
福建博物院藏

　　这是一件三经绞暗花罗织物，图案采用了南宋时期流行的折枝牡丹纹样。花型写实，一朵上扬，一朵俯垂，相互呼应。

中国织绣服饰全集编委会. 中国织绣服饰全集（织染卷）. 天津:天津人民美术出版社, 2004: 218.

29 折枝花卉纹

南宋：褐色牡丹芙蓉花罗

福建福州黄昇墓出土
福建博物院藏

　　此件暗花罗织物采用了南宋时期常见的折枝花卉纹，主题也是当时流行的牡丹和芙蓉组合。这两种花卉在规格上，一大一小，一繁一简，主次分明，相得益彰。花枝呈自然弯曲，数片树叶分别用了俯视、侧视以及3/4侧视等角度表现，有动有静，栩栩如生，富有装饰性。这是南宋时期典型的花卉纹样。

金维诺. 中国美术全集——纺织卷2. 黄山：黄山书社，2012：262.

30 柿蒂纹

北宋：柿蒂纹异向绫

江苏南京大报恩寺塔地宫出土
南京市博物馆藏

此件织物分表里两层，边缘缝合。表层为异单位异面同向绫，在2/1S斜纹地上以1/5S斜纹显花，花纹循环较大，花纹不明。里层为同单位异面异向绫，采用唐宋时期大量运用的四枚异向绫组织，在1/3Z斜纹地上以3/1S斜纹显花，花纹由三种大小不同、细节各异的柿蒂花呈散点排列组合而成，朴素而雅致。由于此织物为包裹香料所用，里层面料仍有白色香料残留，局部有金属印迹污染。

31 折枝小花纹

北宋：刺绣折枝花绢

江苏南京大报恩寺塔地宫出土
南京市博物馆藏

　　此件织物为正方形，有少量褶皱及金属锈迹。组织为1/1平纹，幅边亦为1/1平纹，且经绲边处理，线迹可见，平均24厘米针，线钉长1毫米。织物上有双面绣折枝花纹样，呈散点排列。每个纹样基本左右对称，同一枝上为两朵朵花、四丛叶子。花朵用直针法，枝干用锁针法，纹样生动质朴。这是迄今为止，中国境内出土的年代最早的双面绣之一。

32 花卉纹

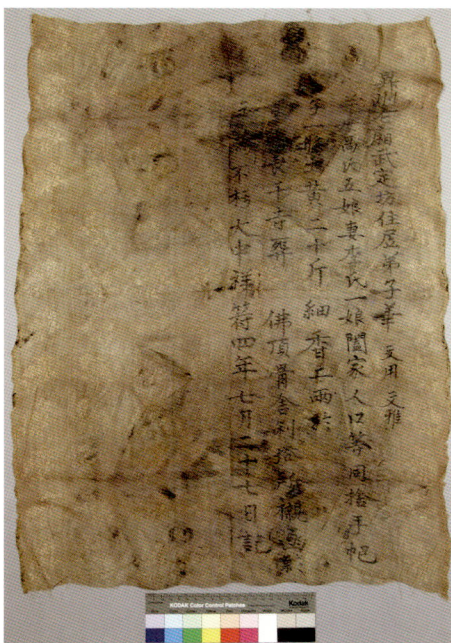

北宋：花卉纹绞经纱

江苏南京大报恩寺塔地宫出土
南京市博物馆藏

　　这是一件北宋真宗大中祥符初期（1008—1012）的织物，保存良好，精美细致。组织为绞纱地上以纬浮长显花，幅边为1/1平纹。提花纹样为两花左右对称成一组的折枝菊花。纹样布局自然，花叶风格写实，视觉效果层次分明，是典型的宋代图案形式风格。沿经向有五行小楷墨书，字迹清晰，罗列当地华氏家族为重建长干寺舍利塔所积功德，以表心愿。

33 折枝小花纹

北宋：彩绘折枝花绢

江苏南京大报恩寺塔地宫出土
南京市博物馆藏

　　这件织物遍布皱褶，沿外缘四周有对称性残缺，并有铜钱锈迹。组织为1/1平纹，幅边也为1/1平纹。织物上绘有折枝花，两种纹样的形式与同于长干寺出土的浅红地彩绘折枝花绢帕、彩绘折枝石榴朵花绢方帕颇为相似，同样呈二二排列。

34 折枝花球路流苏纹

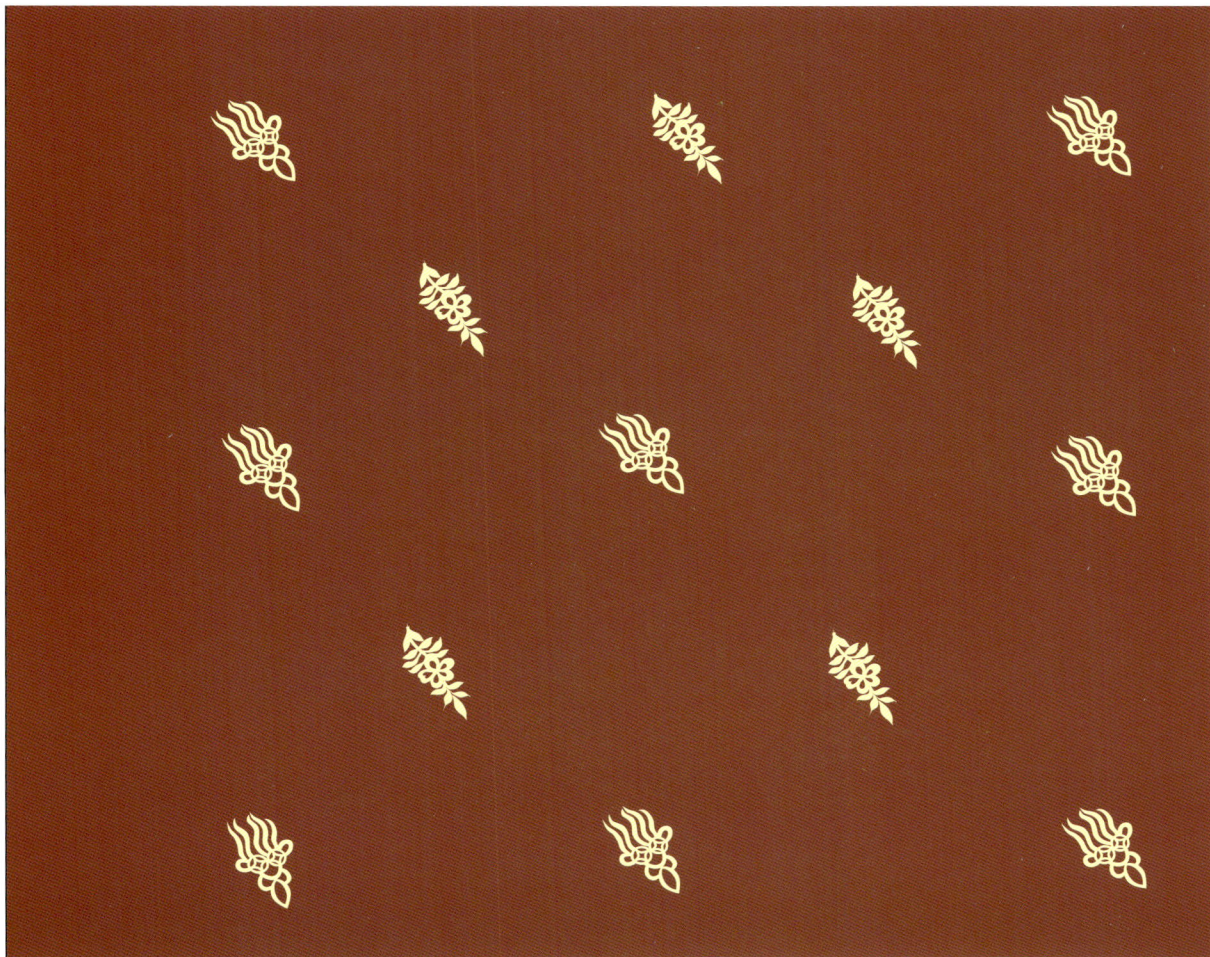

北宋：描金折枝花球路流苏纹罗

江苏南京大报恩寺塔地宫出土
南京市博物馆藏

　　这件织物大约制作于北宋真宗大中祥符初期（1008—1012），以四经绞素罗作地，其上以金粉绘出折枝花和球路流苏纹，呈二二排列。这样的图案布局和纹样主题都是当时非常流行的，且绘制的笔触细腻，纹样保存得也很完整，是一件精美的手绘丝织品。

35 花卉纹

辽代：花卉纹盘金彩绣罗

中国丝绸博物馆藏

　　此件绣品以四经绞素罗作绣地，其上以彩色丝线绣出折枝花卉纹样，每朵折枝花由四朵小花及枝叶构成，图案边缘钉缝的捻金线勾边，这种工艺称为"压金彩绣"，在辽代的刺绣品中十分常见。

36 团窠花卉纹

辽代：团窠花卉纹锦

中国丝绸博物馆藏

　　该织物为纬锦，主花为簇四团窠花卉，宾花为十样花。纹样主题均取材于植物，但表现形式较为抽象。

37 团花纹

辽代：团花纹锦

中国丝绸博物馆藏

此件辽式纬锦织物原为衣袖残片，在黄色地上以蓝色和浅绿色纹纬显花，织出团花图案，团花直径约为11~12厘米，呈二二正排。与"密地细花"的历史记载相对应，此件织锦或可称为清地花卉纹。

38 团花纹

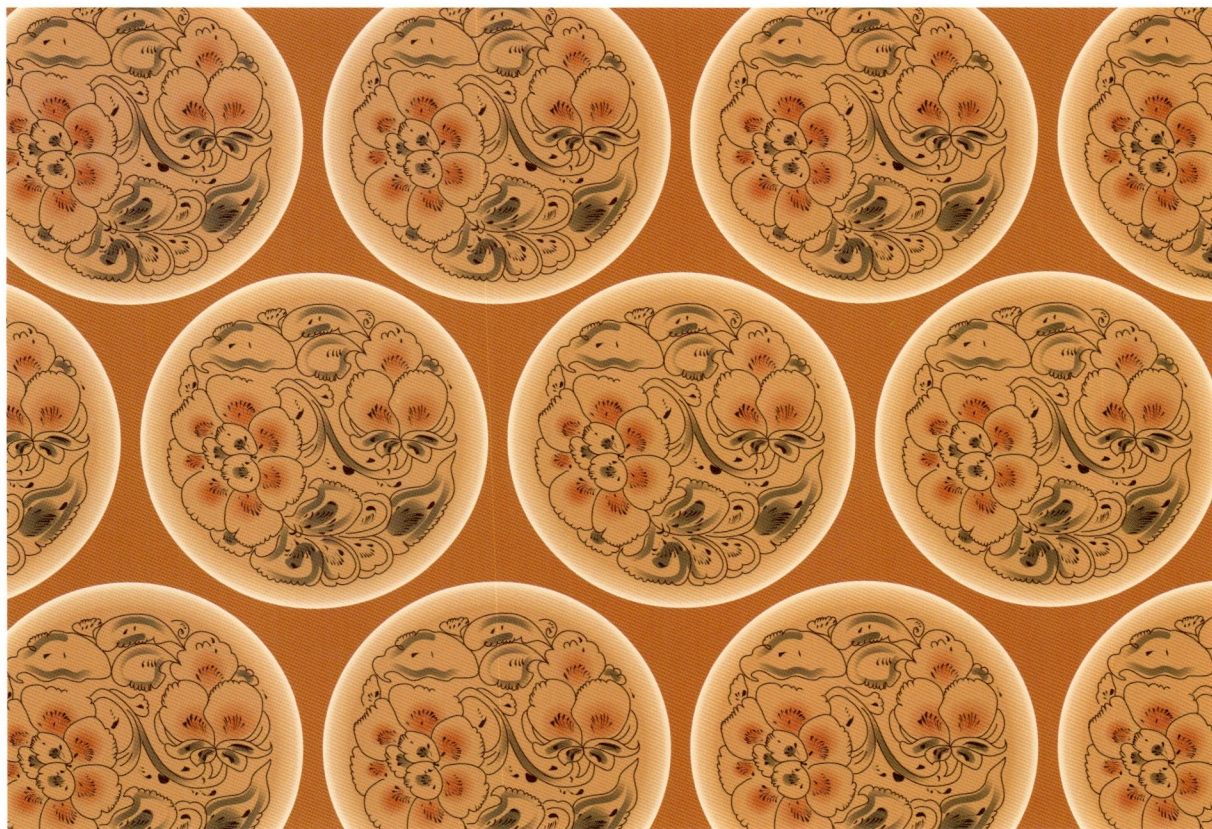

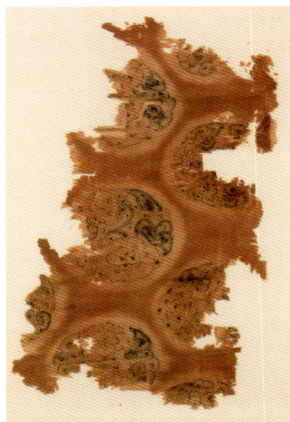

辽代：彩绘团花纹绝

中国丝绸博物馆藏

辽代手绘丝绸非常盛行，此件织物以绝为地，采用彩绘与墨描相结合的工艺，较为难得。其图案是一类团花，花为一折枝，其上有两朵花和两片叶，分别向两侧转弯。这其实也是一种类似太极形的设计，在辽金元时期极为常见。此团花直径约为20厘米，二二错排。

39 岁寒三友纹

南宋：酱色松竹梅暗花纹罗

江西德安南宋周氏墓出土
中国丝绸博物馆藏

　　此件织物残片有多处破裂，呈酱色，在1/1平纹地上以纬浮长显花，纬线为一纬粗一纬细。其主要图案为松、竹、梅纹样，由于这三种植物在寒冬时节仍可保持顽强的生命力，因而被称为"岁寒三友"，是中国传统文化中高尚人格的象征。

40 花卉纹

宋代：绫地刺绣花卉纹小幡

中国丝绸博物馆藏

　　这是一件宋代绫地刺绣花卉小幡，以黄色为底，上用绿色、蓝色、红色彩色丝线刺绣花卉纹。纹样由上下两个团花组成，团花之间有三叶形式的角花，上部的团花上方也饰有叶纹。纹样中的花瓣和叶都采用修长的造型，是富有想象力的表达。

41 花卉纹

辽代：刺绣花卉纹罗靴筒残片

中国丝绸博物馆藏

　　此织物为辽代刺绣花卉纹罗靴筒残片，为深褐色扇形，其上绣有地部较满的缠枝花卉作为适合纹样。纹样设计较为写意，对叶片的表现相对细致。

42 花蝶纹

辽代：罗地手绘花卉绵帽

中国丝绸博物馆藏

　　罗地手绘花卉绵帽，帽子顶部包着一条红色的布条。其上的手绘纹样主题为带叶枝花和正视蝴蝶，呈二二错排。植物纹样写意，动物纹样写实。

43 几何形花叶纹

辽代：几何形花叶纹锦袍

中国丝绸博物馆藏

　　此织物在主要图案区域内呈蓝、黄、白三色，某些区域中则将蓝色换成浅褐色。从呈几何状的花枝纹样，可以看出若干正面的葡萄叶纹和侧面的卷叶纹，以及圆形区域内的小花或钱眼纹样。这样的图案在辽代织锦上极为罕见，但与当时的绫绮类倒极为接近。内蒙古巴林右旗辽庆州白塔天宫发现的蜂蝶穿花绫，纹样与此有共通之处。

44 龟背地团花纹

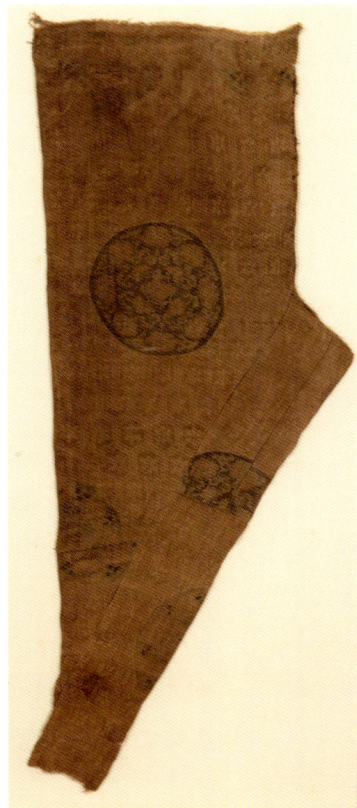

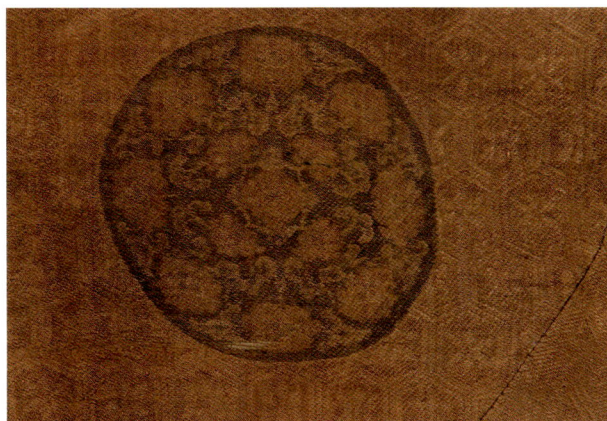

辽代：龟背地团花纹锦

中国丝绸博物馆藏

　　此件织物疑为袍料的衣襟部分，纹样为龟背地团花纹。底纹为中心有六瓣雪花纹的六角形龟背纹，团花纹中心是一朵俯视朵花。其周围有四朵带叶侧视朵花，花型稍小，外围环绕八朵侧视朵花。

45 联珠宝花纹

辽代：联珠宝花纹锦靴

中国丝绸博物馆藏

　　这件斜纹纬锦以团窠联珠宝花纹为主花，团窠的上下左右饰有3/4侧视的多瓣朵花，团窠中另有联珠，联珠中心为俯视多瓣朵花。主花间隔中以十样花作为宾花。此类纹样在五代出现较多。

46 花蝶纹

辽代：刺绣花蝶纹罗荷包

中国丝绸博物馆藏

　　此件织物以四经绞素罗为绣地，其上用彩色丝线绣有花卉和蝴蝶等图案。视觉中心为两只侧视蝴蝶，形象简洁而生动。蝴蝶周围以两枝带叶花卉衬托，叶片多以侧视表现，花卉分为朵花和花蕾，朵花多以俯视表现。

47 八瓣团花纹

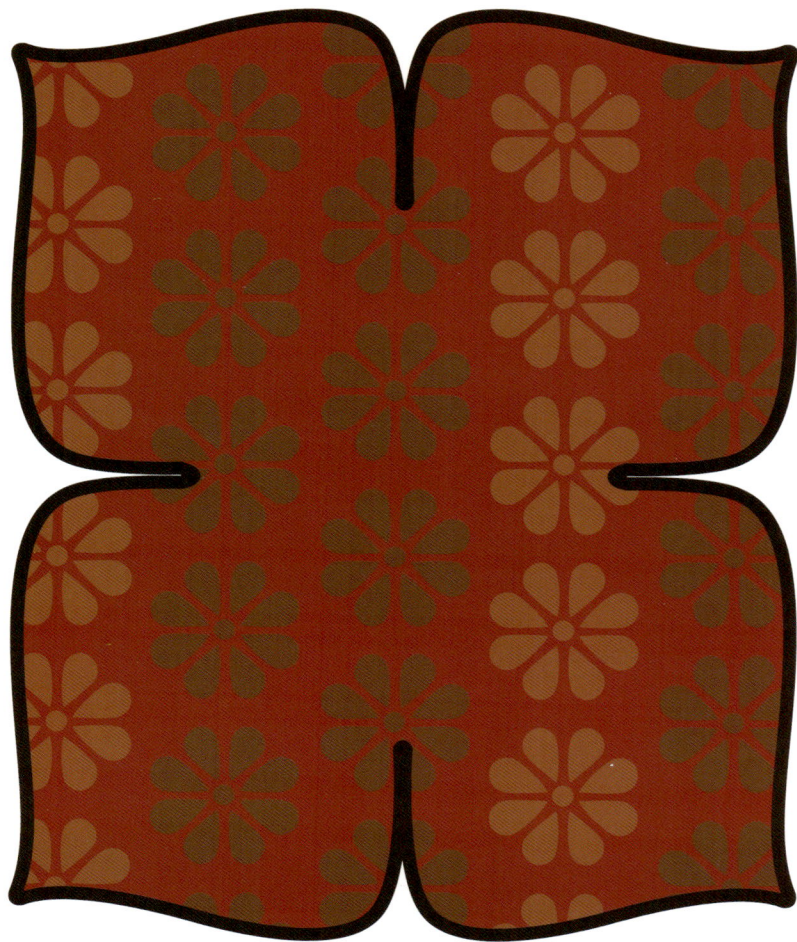

辽代：红地八瓣团花纹锦

中国丝绸博物馆藏

　　这件织物呈如意窠型，在红色地上以白色和绿色纬线以分区换色的方式织出八瓣小团花纹样，并以一行白色、两行绿色的方式排列。

48 折枝花卉纹

南宋：折枝花绫

江西德安南宋周氏墓出土
中国丝绸博物馆藏

　　此块匹料有几处破损，在 3/1Z 斜纹组织地上以 1/5S 斜纹组织起花，织出折枝花卉图案。图案二二错排，其中一行花头向左，一行花头向右，花地清晰。

49 鸾鹊缠枝叶纹

南宋：鸾鹊缠枝叶纹纱罗裙

江西德安南宋周氏墓出土
中国丝绸博物馆藏

这件织物为纱罗裙。纹样为缠枝叶纹和小型鸟类，应为鸾、鹊。树枝构图呈涡旋状，一弯树枝上饰有数片大小不同的树叶，姿态不一，描绘生动。每弯树枝根部与两弯树枝之间的空隙处饰有鸾、鹊。

50 如意山茶纹

南宋：如意山茶暗花罗

江西德安南宋周氏墓出土
中国丝绸博物馆藏

　　该织物为黄褐色如意山茶暗花罗残片。山茶花卉为横斜带叶花枝，造型优美，与四合如意纹搭配。这类写生花卉在宋代相当流行，仅江西德安南宋周氏墓就出土了十余种，包括这块山茶暗花罗。

51 水波地团花纹

辽代：水波地团花纹锦

中国丝绸博物馆藏

　　这件斜纹纬锦织物呈长方形，以灰绿色水波纹样作地，其上点缀团窠形花卉图案。团窠中心为俯视花卉，四方带叶；团窠上下左右部分为侧视花卉，两边带叶。纹样风格较为抽象。

52 "永如松竹" 文字小花卉纹

北宋：绢地"永如松竹"文字小花卉纹刺绣

南京大报恩寺塔地宫出土
南京市博物馆藏

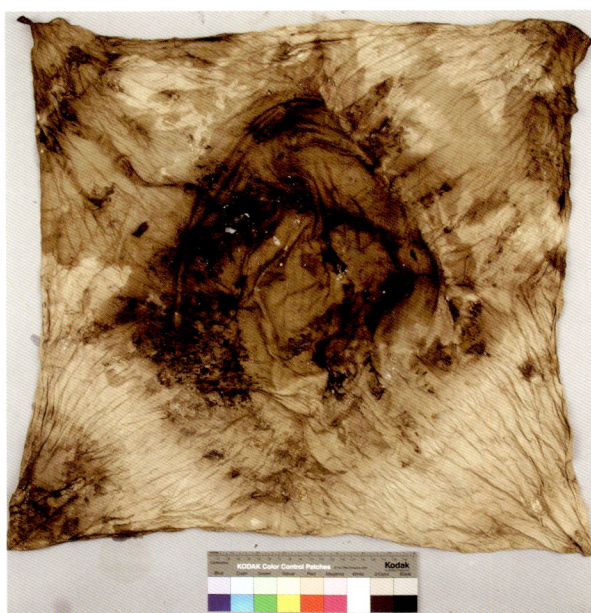

　　此件织物整体接近正方形，纬向长度略长于经向，四角有放射状包扎皱褶，有少量白色香料残留。组织为1/1平纹，织物密度较其他绢类织物较大。经向幅边亦为1/1平纹，另两边经过卷边处理。绢地上绣永、如、松、竹字样及小花。代表中国文人情怀的岁寒三友，松、竹、梅在文风盛行的宋代也是广为流行的文化元素。这是迄今为止，中国境内出土的年代最早的双面绣之一。

53 花卉龟童子雁雀纹

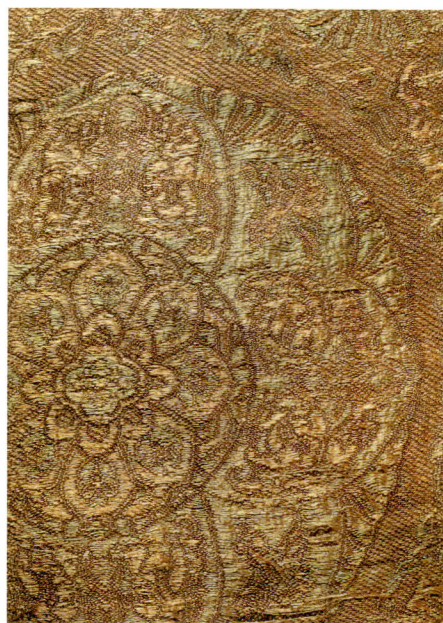

辽代：遍地花卉龟童子雁雀纹锦

内蒙古阿鲁科尔沁旗耶律羽之墓出土
中国丝绸博物馆藏

　　此织物图案采用龟背式的骨架，空隙处为如菊花状的大花朵，用少量枝叶相连接，这种花卉在辽代庆州白塔出土织锦中也曾见过。更为重要的是重莲莲瓣之中的纹样。重莲纹样共有两种，它们在圆心处都为一完整的八瓣团窠莲花，圆心之外还有一圈花瓣，四瓣正面全露，四瓣半露。一个重莲的全露莲瓣中装饰的是对雁，半露莲瓣中为飞雀，另一个重莲的莲瓣中则装饰了两个持花的童子，其造型生动可爱。

54 卷草纹

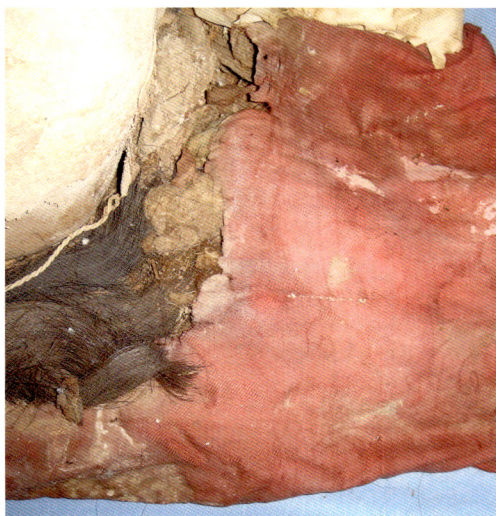

晚唐—北宋：暗红色卷草纹绫枕

新疆和田布扎克彩棺墓出土
和田博物馆藏

　　这是一件典型的同向绫织物，在三枚斜纹组织地上以六枚斜纹组织显花，织出卷草图案。卷草图案呈对波形排列，每个空间中都安置叶纹，构图巧妙，非常小的循环就将卷草缠绕不断的形象表现出来了。

赵丰，王乐，李薇，万芳. 和田布扎克彩棺墓出土的织物与服饰. 大漠联珠——环塔克拉玛干丝绸之路服饰文化考察报告，上海：东华大学出版社，2007.

55 婴戏牡丹方胜兔纹

辽代：婴戏牡丹方胜兔纹绫

内蒙古阿鲁科尔沁旗耶律羽之墓出土
内蒙古文物考古研究所藏

　　此件织物的图案非常难得，其骨架有些类似于簇四路球，但却是方胜形，即将尖窠变成方格，将梭窠变成条格，这样就形成了两个方格中的主题纹样区和一个条格中的宾花纹样区，称为方胜骨架。两个主题纹样区中再行分割，一按对角线被分为四等分，各置奔兔或卧兔一只，共四只。另一按45度角作内切正方形二次，最后形成八个三角形和一个正方形。位于中心正方形区域的是一正面的团花，最外面的三角形区域中各有一只系有彩带的绣球，其余的三角形则由小花填充。此图案中最为引人注目之处为条格中的婴戏牡丹纹样，婴童穿上衣下裤，围系肚兜，左右两手各攀一枝牡丹，身体倾斜，显得活泼可爱。

56 团窠花卉纹

辽代：团窠花卉纹锦

中国丝绸博物馆藏

　　此件织物采用团窠花卉纹为主题图案。每个团窠中部是一八瓣朵花，四周各有一盛开的花卉图案围绕，构成团窠型外观，团窠之间的空隙处点缀有十字宾花图案。

57 婴戏纹

北宋：婴童缠枝花果纹绫

美国大都会艺术博物馆藏

　　婴戏图案在宋代十分流行，上至宫廷贵族，下至普通百姓，对此题材都十分喜爱。此件暗花绫织物的图案呈中轴对称，以缠枝花卉为主纹，两边各有缠枝石榴纹，其间穿插童子纹样。童子身材矮胖，脸圆头大，显得憨态可掬，五官刻画清晰。

58 花卉纹

南宋：古铜色罗绣花佩绶

福建福州黄昇墓出土
福建博物院藏

　　此织物正面绣花两行，左右同向，每行花纹分上下两组，内容相同，每组绣有玫瑰、马兰、茶花、桃花、梨花、菊花、蔷薇、月季、芙蓉、栀子、秋葵、海棠、芍药、牡丹等十八种花卉，色调层次分明，富有立体感。

福建省博物馆. 福州南宋黄昇墓. 北京:文物出版社, 1982: 16-17.

59 芙蓉人物纹

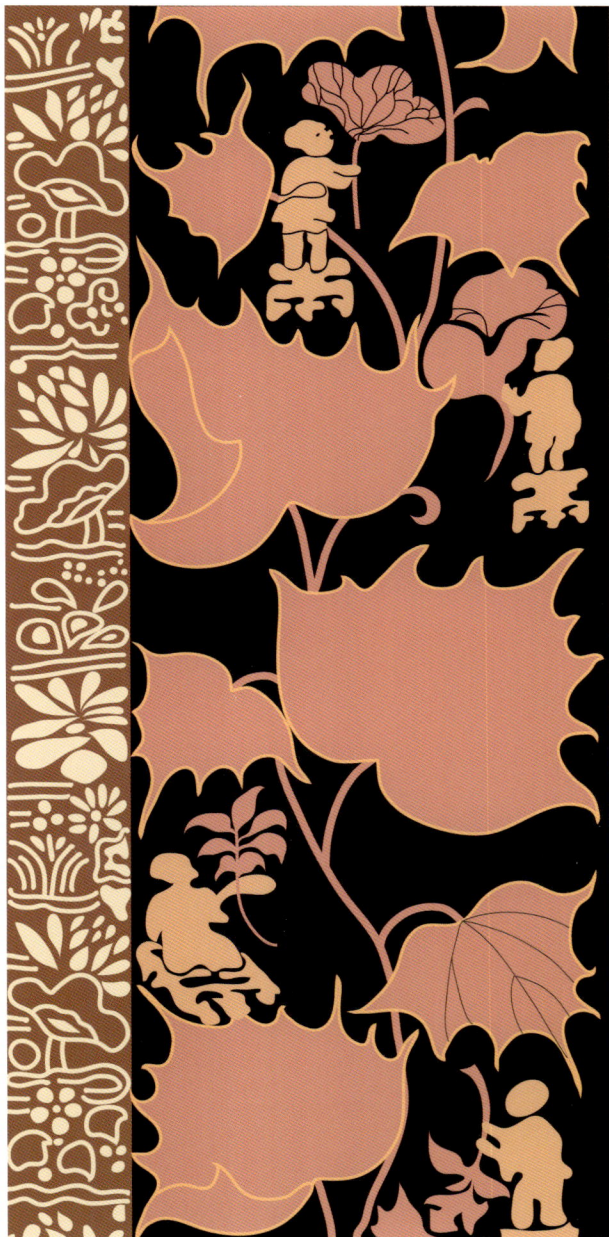

南宋：印花彩绘芙蓉人物纹花边

福建福州黄昇墓出土

福建博物院藏

　　此织物在敷彩的大叶子上，工笔绘就人物、楼阁、鸾鸟、花卉等图案。在叶的间隙处，还绘有手执折枝花或荷叶的童子，站立在几凳之上，出土时呈灰绿、灰蓝、褐等色。

福建省博物馆. 福州南宋黄昇墓. 北京: 文物出版社, 1982: 116.

60 花卉纹

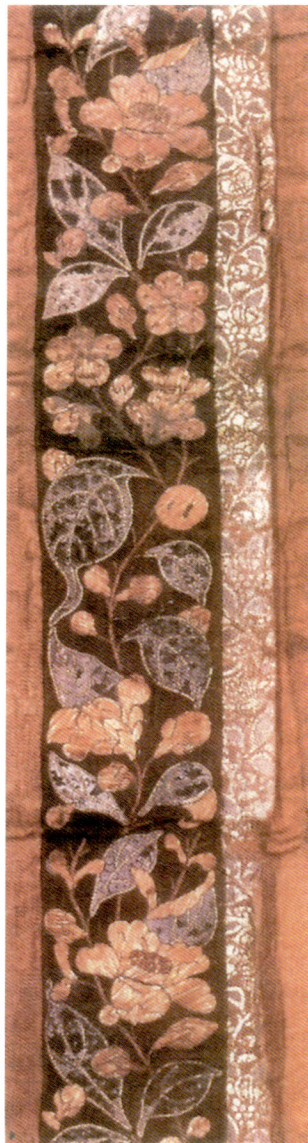

南宋：花卉纹印花花边

福建福州黄昇墓出土
福建博物院藏

　　此件织物是褐色绉芙蓉花罗镶花边夹衣的花边部分，为带状适合纹样，以缠枝花卉为图案主题。可辨认的有梅花、荷花图案，两者均作盛开状，特别是荷花已结出莲蓬。

61 卷草纹

南宋：镂空刷印卷草纹花边

福建福州黄昇墓出土
福建博物院藏

　　此花边采用色胶印花法，印出呈缠枝状的卷草图案，由于胶粘剂的色浆充满卷草纹内，花纹线条较粗，配以描金勾边，印花效果更佳，但目前金粉已经有部分脱落。

福建省博物馆. 福州南宋黄昇墓. 北京: 文物出版社, 1982: 127.

62 蝶恋芍药纹

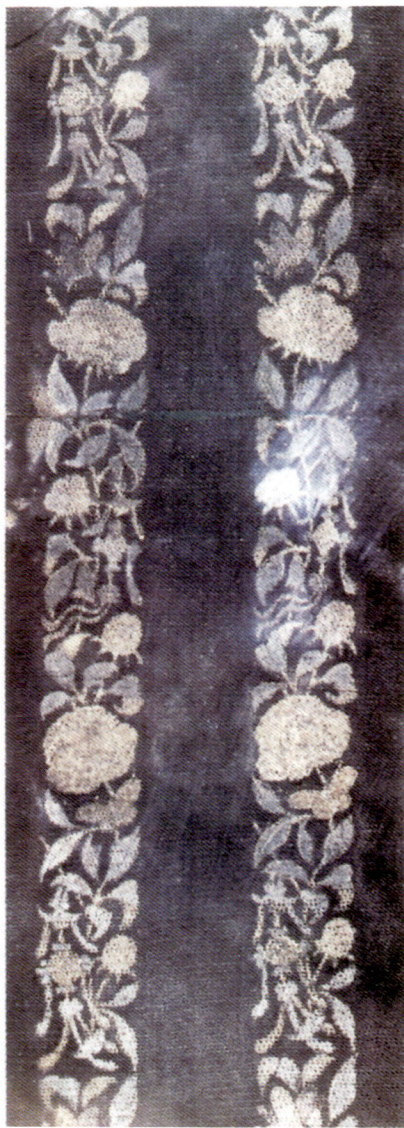

南宋：蝶恋芍药纹印花花边

福建福州黄昇墓出土
福建博物院藏

　　此花边的主题图案为芍药花，花朵通过枝蔓延纵向生长，花的上方停着一只蝴蝶，在枝蔓上还点缀有璎珞绶带纹。纹样配置得宜，构图巧妙。

福建省博物馆. 福州南宋黄昇墓. 北京：文物出版社，1982：128.

动物纹样

63 紫鸾鹊纹

北宋：紫鸾鹊纹缂丝

美国大都会艺术博物馆藏

　　此件缂丝作品在紫色地上以各色纬线缂织出花卉和动物图案，图案由鸾鹊、鸳鸯、鹿纹与荷花、牡丹、海棠等组成。整个图案热烈繁茂，是典型的北宋缂丝精品。

James C. Y. Watt, Anne E. Wardwell. When Silk Was Gold—Central Asian and Chinese Textiles. NewYork: Metropolitan Museum of Art, 1998: 82−83.

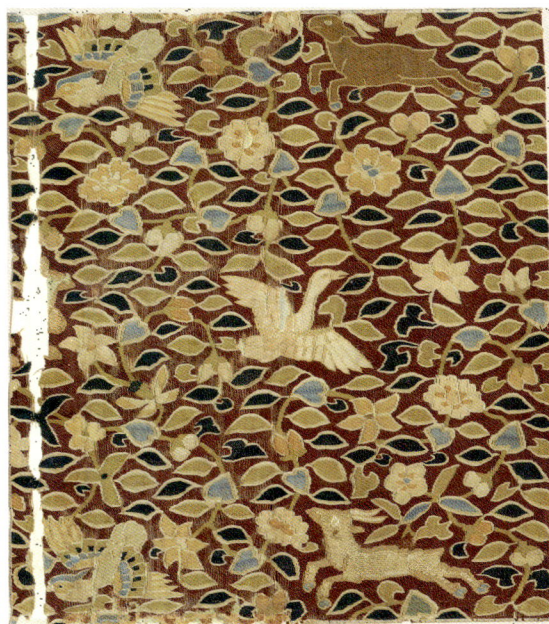

64 簇四盘雕纹

北宋：簇四盘雕纹锦袍

青海阿拉尔出土
北京故宫博物院藏

簇四盘雕纹锦袍交领，右衽，窄袖，收腰。袍长138厘米，通袖长192厘米，袖口宽15厘米，下摆宽约82厘米，两袖口处各拼接一块对雀栏杆纹锦，宽11厘米。背后开衩，衩高70厘米。此应为便于骑马穿着的交领缺胯袍的一种。袍为夹袍，盘雕纹锦为面，浅棕色绢为里。袍领内侧镶一条四花飞雀浮纹锦。盘雕纹锦图案为簇四环形骨架，其内有对雕相背而立于花树两侧。

黄能馥，陈娟娟主编.中国丝绸科技艺术七千年.北京:中国纺织出版社，2002:155-157.

赵丰，王乐.论青海阿拉尔出土的两件锦袍.文物，2008（8）:66-73.

65 对羊孔雀纹

宋代：对羊孔雀纹锦袍

青海阿拉尔出土
北京故宫博物院藏

　　对羊孔雀纹锦袍的款式为交领、右衽、窄袖、收腰，为夹袍。对羊孔雀纹锦为面，浅褐色绢为里，肩袖部多次拼接。锦的主题图案为双头孔雀、对羊。位于图案上方的孔雀呈开屏状，身体由变形锁子纹构成，展开的翅膀由四边形和六边形等几何形构成。孔雀颈部和翅膀上都装饰有联珠纹。两枝从对羊蹄下方朝孔雀头部伸展的藤蔓以及孔雀爪处的羊角状装饰冷图案的上下部分连接起来。对羊孔雀纹锦的图案具有强烈的10—12世纪波斯和拜占庭图案风格，并融合了西伊斯兰（West-Islamic）的图案风格。该锦经向图案配色无循环规律。织物的规格为幅宽约100厘米左右，长大于等于450厘米。

赵丰，王乐．论青海阿拉尔出土的两件锦袍．文物，2008(8): 66−73．

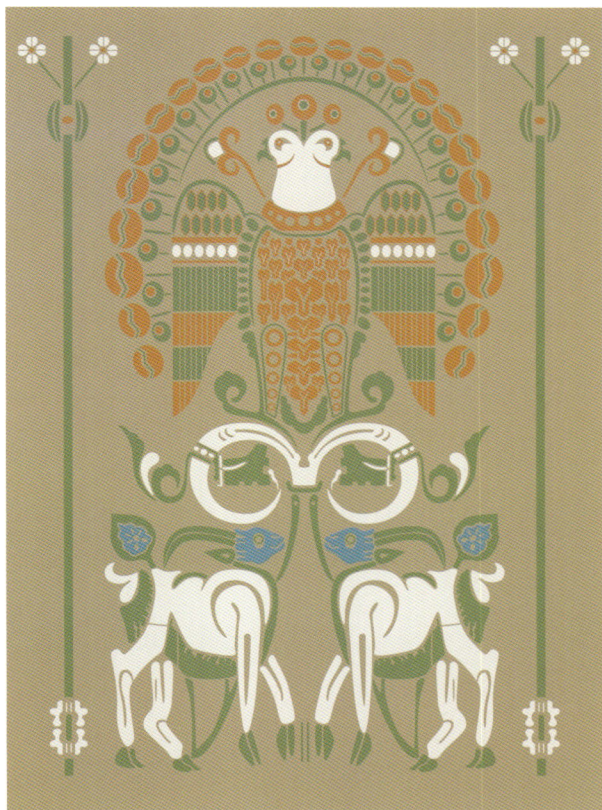

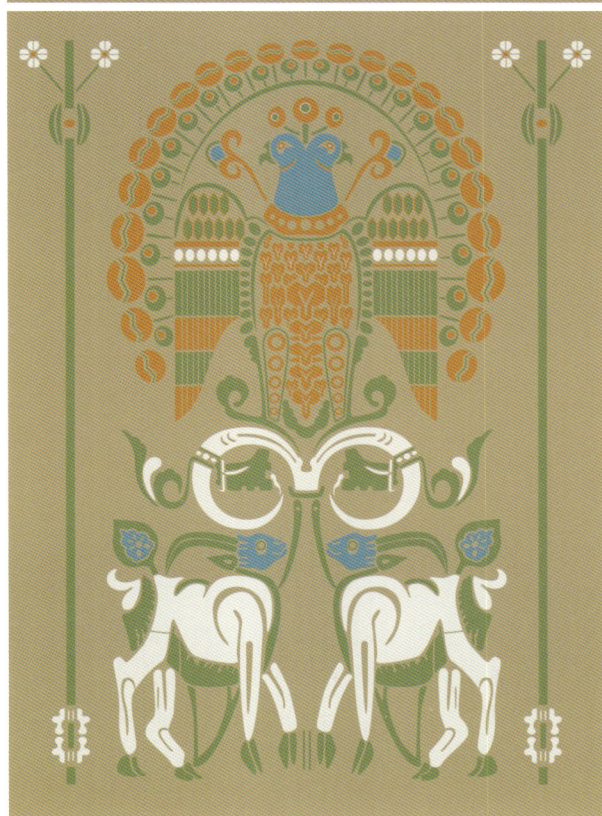
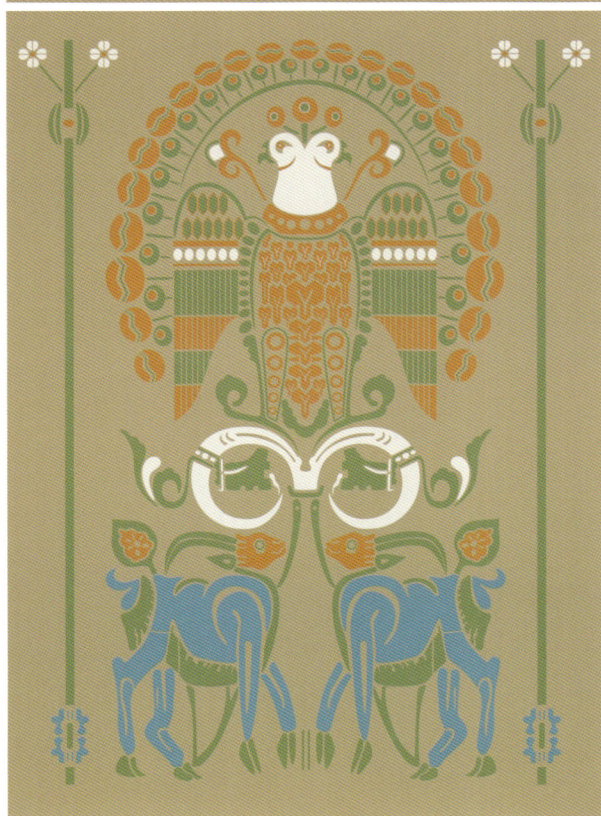

66 独窠牡丹对孔雀纹

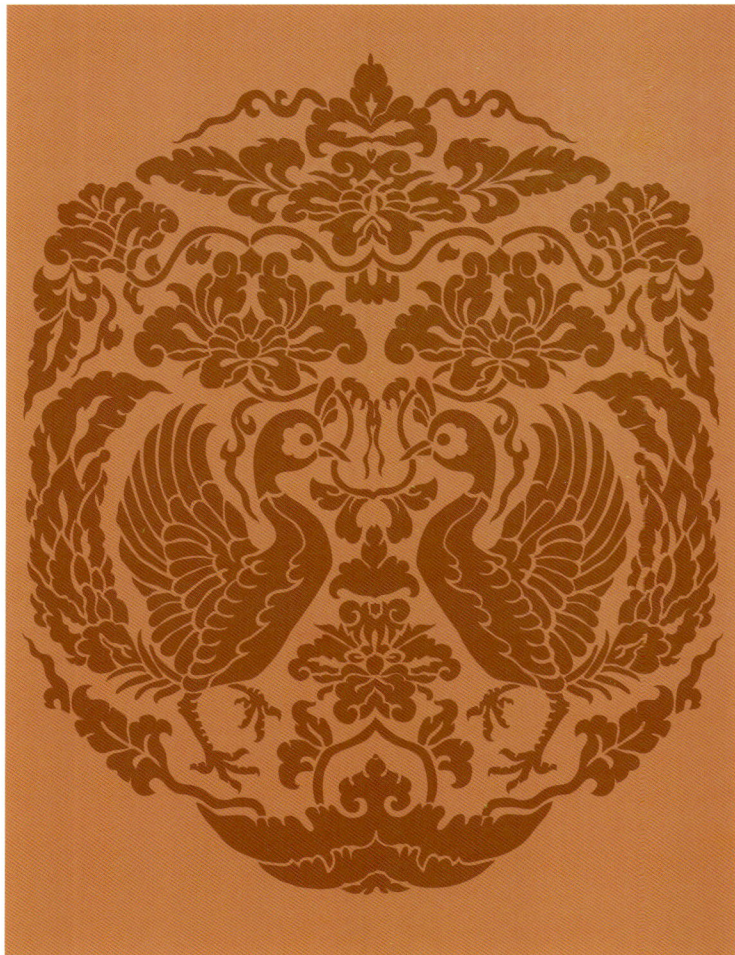

辽代：独窠牡丹对孔雀纹绫

内蒙古阿鲁科尔沁旗耶律羽之墓出土
中国丝绸博物馆藏

　　此织物图案虽有团窠的外形，却无明确的团窠环。其主体是一棵完整的牡丹花树，下有花座将其托起，由下而上分别盛开四朵牡丹花，一对孔雀分布左右，展翅驻足，嘴衔花枝，形成一个特大的团窠。团窠宽至通幅，约为57.5厘米，经向则需要将若干残片拼接之后才能测得，约为60厘米。由于此绫还有大块素织区域，因此推测为一件制作二窠袍服的衣料，说明此绫亦属唐代的陵阳公样风格。

赵丰. 织绣珍品：图说中国丝绸艺术史（中英对照）.
香港：艺纱堂/服饰出版社，1999：146-147.

67 联珠四鸟纹

辽代：联珠四鸟纹锦

中国丝绸博物馆藏

　　此锦为一件辽代锦裙上腰的部分，保存基本完好。织锦采用典型的辽式纬重组织，但其图案中还明显带有唐代西域艺术影响的痕迹。它总体用联珠纹构成团窠环，中间置以对称的四鸟纹样。这是典型的宋锦图案骨架与西亚流行花式的巧妙结合。比较这一时期的其他织锦图案可知，这种四鸟团窠在辽代织物中常见，图案的骨架在宋代史料中应称为"簇四"。

赵丰. 织绣珍品：图说中国丝绸艺术史（中英对照）. 香港：艺纱堂/服饰出版社，1999：186—187.

68 雁衔绶带纹

辽代：雁衔绶带纹锦

内蒙古兴安盟代钦塔拉墓出土
内蒙古博物院藏

此件织锦原为锦袍，以缎纹纬重组织织出对雁衔绶带纹样。纹样高约40厘米，经向循环为45～48厘米不等，宽为通幅。全袍共用20对大雁，即一件袍料需要近10米长。由于其图案采用七彩纬丝进行织造，所需花本特别大，其耳子线达5600根左右，必须用大花楼提花机进行织造，是目前辽代锦袍中保存最完整、技术难度最高者。雁衔绶带是唐代晚期皇帝赐衣的法定纹样。此件织锦除此墓出土外，还发现于耶律羽之墓中，说明此锦在辽代早期用于契丹贵族服饰，同时也说明了辽代服装与唐代服装的继承关系。

赵丰. 织绣珍品：图说中国丝绸艺术史（中英对照）. 香港：艺纱堂/服饰出社，1999：288−289.

69 球路飞鸟纹

辽代：球路飞鸟纹锦

中国丝绸博物馆藏

　　与其他织锦相比较，这件织锦显得较为淡雅。它仍然是用当时标准的1/2S辽式斜纹纬锦来进行织造的，只是纬线的色彩较少，只有黄和浅褐两种色彩。其整幅图案由四圆相交的骨架构成，可称为球路纹。在圆圆相交而形成的各小区域内，各有两只练鹊在飞翔，而在中心区域内则是呈十字对称的花卉纹。其图案循环为经向16.5厘米，纬向14厘米。球路纹在辽宋时期非常盛行，据《营造法式》，这种四圆相交的球路纹又称簇四球路，而六圆相交的可称雪花球路，簇四球路更多地用于图案骨架。同类的簇四球路纹样也可以在辽耶律羽之墓出土的纺织品上找到，当时的金银器和瓷器等艺术品中也可发现颇多同类纹样。

70 莲塘双雁纹

辽代：莲塘双雁纹刺绣

中国丝绸博物馆藏

　　这是一幅极为精致的莲塘小景刺绣。画面高约40厘米，宽约37厘米。画面的背景无疑是一池莲塘，中间有两张荷叶和一朵莲花占据了主要的位置。一张小荷叶直直地向上伸展，另一张大的荷叶已支撑不起自身的重量而掩抑往下，已经结有莲蓬的荷花显然是不胜重负，把头低垂。四周则还有若干枝荷花或只有单独的花朵，或是因花落而只剩硕果累累的莲蓬，更有不少水草野花分布在池塘的周围，也有蜻蜓飞在荷花边上。但莲塘中真正的主角是两只大雁，一只大雁站立于水上正引颈展翅欲飞，另一只大雁则低头伸展，好像刚刚飞临水面将驻。这幅莲塘风景图可谓是元代"满池娇"的先声。元代朝鲜语文书《朴通事》中对"满池娇"做了解释："以莲花、荷叶、藕、鸳鸯、蜂、蝶之形，或用五色绒线，或用彩色画于段帛上。"将之与此件织物上的莲塘鹭鸶相比较，可知两者是多么相似。

71 "千秋万岁"盘凤纹

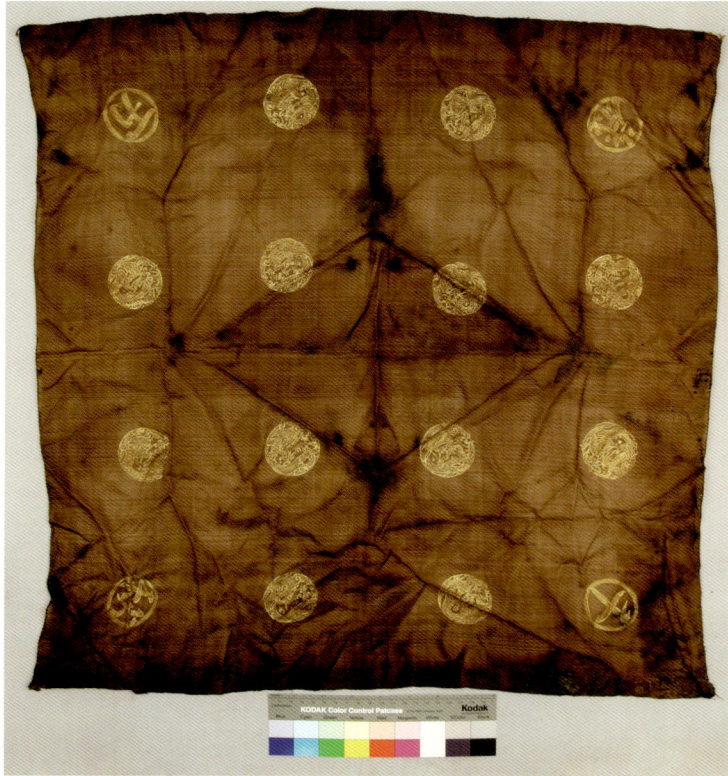

北宋：红地"千秋万岁"盘凤泥金罗帕

江苏南京大报恩寺塔地宫出土
南京市博物馆藏

　　此件织物折痕明显，组织为四经绞罗，经向有幅边，纬向边缘经过卷边处理；共有横四纵四共十六个泥金团状纹样，排列整齐。其中靠近织物四角的为"千""秋""万""岁"四个字，其余为盘龙纹样。此龙纹为宋代常见龙形，在辽代文物中也较为多见，纹样造型丰满，气势恢宏。此龙在尾巴尽头处出现了火焰状的装饰物，皆与同时期的玉器上的龙纹相似。

72 对鹿纹

宋代：蓝地对鹿纹锦

中国丝绸博物馆藏

这是一件斜纹纬锦织物，以蓝色为地，纹样的中轴线处为直立生长的莲花，开得非常饱满。在大莲花的两侧又各长出几片卷曲的叶片以及几朵小莲花，围出了整个图案滴珠状的外形。莲花树下，两只鹿相对而卧，可能是梅花鹿之类，鹿首微昂，前足微微抬起。

73 大雁纹

辽代：大雁纹锦腰绢带

中国丝绸博物馆藏

　　此件织物用于腰带的中间部分。其图案中心为一十样花；四角各有一只大雁，头朝内，作展翅飞翔状；最外层则装饰有卷草纹样。

74 菱格朵花奔狮纹

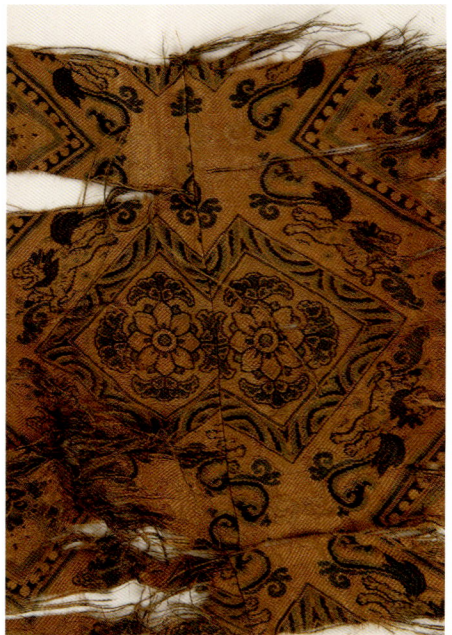

辽代：黄地菱格朵花奔狮纹锦

中国丝绸博物馆藏

　　此件斜纹纬锦织物的图案中心是一菱格纹样，以水波纹构成骨架。菱格中心是一四瓣朵花，菱格的每边各装饰有一只奔跑的狮子，空隙处还装饰有杂宝图案。

75 云鹤纹

辽代：描红云鹤纹腰带

中国丝绸博物馆藏

　　此件织物原作腰带之用，现在已残破缺失，但图案依然清晰。在暗花纹绫地上以朱砂描绘出红色的云鹤以及祥云，栩栩如生，充满诗意。这也许是远离尘世、隐居不仕之人所用之物。

76 团窠四鸟衔花纹

辽代：黄地团窠四鸟衔花纹锦袍

中国丝绸博物馆藏

　　此织物的团窠中央是一略呈菱形的四瓣小花。四角各有一鸟，头朝内，作展翅飞翔状，或为海东青。鸟的脖子周围点缀有卷云纹。在团窠之外又由鸟及卷草云纹等形成十字状宾花图案。

77 鹭鸶宝花纹

辽代：黄地鹭鸶宝花纹锦

中国丝绸博物馆藏

  此件织物由两块相同的织物拼缝而成，是一件典型的辽式纬锦织物，以五枚缎纹纬重组织织造。黄色纬线为地，显花纬线的颜色已有褪色，可分辨出的有蓝、绿、米黄等色纬线。所见的图案除繁复的宝花纹样外，还有几只在花丛中作飞翔状的鹭鸶图案，鹭鸶身材修长，头部的蓑羽随风飞扬，毵毵如丝，在局部还装饰以云纹。

78 中窠杂花对凤纹

辽代：中窠杂花对凤纹金银锦

**内蒙古阿鲁科尔沁旗耶律羽之墓出土
中国丝绸博物馆藏**

  此件织物原为袍服的一部分。其组织较为罕见，它以五色的缎纹纬二重作地，并织出团窠环，再用捻金线和捻银线在团窠内以挖花的方式织出对凤图案，金箔依然光亮，而银箔已经变得暗红。团窠环呈二二错排，由小细杂花组成。团窠直径约为11厘米，中间的对凤具有较为浓郁的唐代风格，而与辽代同时期的其他凤鸟纹样却有较大区别。图案经向循环为40厘米，纬向循环为14厘米。

79 蜂蝶绶鸟穿花纹

辽代：红色蜂蝶绶鸟穿花纹绫

内蒙古巴林右旗庆州白塔出土
巴林右旗博物馆藏

　　此件织物采用并丝织法织造而成。图案共可分成三行，第一行为呈正视状的花卉图案，下方有一蜜蜂围绕，再下为一三瓣叶纹；第二行为含绶鸟图案，相对而立，下方为呈正视状的蝴蝶图案；第三行为一花卉图案，其枝叶呈缠枝状。图案整体呈现出一种蝶飞蜂舞的景象，类似的图案在出土的晚唐时期织物上就有发现，在辽代织物中更为常见。

80 云凤花鸟纹

辽代：云凤花鸟纹

内蒙古科尔沁左旗小努日木辽墓出土
中国丝绸博物馆藏

　　此件织物采用纬二重组织织造而成，由蓝色经线和地纬以3/1S斜纹织成地部，其上黄色纬浮显花。其图案呈方形，中心为两只飞翔的凤凰图案，呈喜相逢形式排布，左右各有一云纹图案，左上及右下为一花卉图案，右上及左下为一鸟纹。上下两行图案呈垂直镜像对称。

81 大雁纹

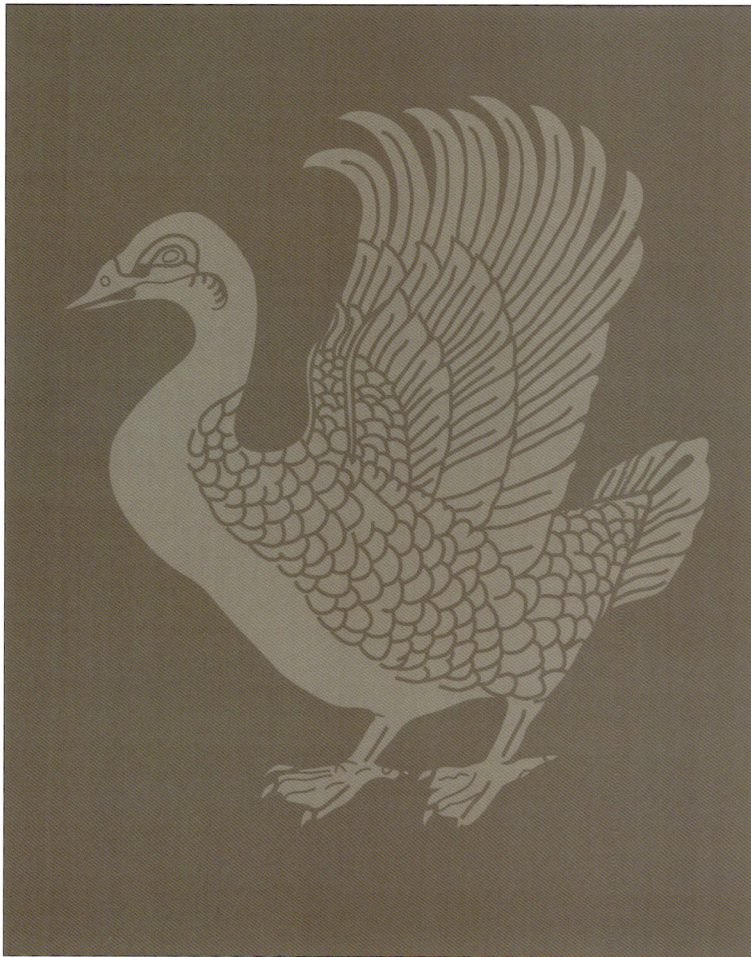

辽代：大雁纹绫

内蒙古阿鲁科尔沁旗耶律羽之墓出土
中国丝绸博物馆藏

　　此件织物原为交领左衽缺胯袍的部分。其图案是一站立的大雁，高约35厘米，宽约30厘米，有左右向两种。雁首处为幅边，而雁后部已被裁剪。大雁图案在辽代很受欢迎，通常代表朝廷的某一级官位，并用于官服。

82 云山瑞鹿衔绶纹

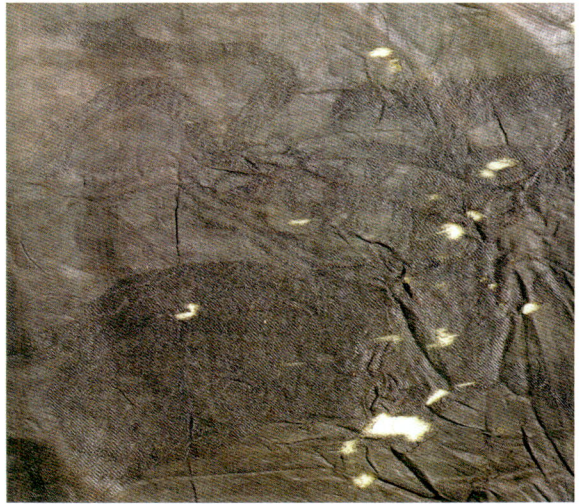

辽代：云山瑞鹿衔绶纹绫袍

内蒙古阿鲁科尔沁旗耶律羽之墓出土
中国丝绸博物馆藏

　　此件织物的图案是衔绶而奔的瑞鹿及云山。其纬向图案循环通幅，经向高度约为68厘米，图案循环在75厘米上下。因为契丹人来自鹿的故乡，所以在辽代的手工艺品、陶瓷、绘画和金属制品中经常可以见到鹿作装饰。此件织物中长着翅膀、头上顶着蘑菇状的鹿可能起源于中东，它有时代表着幸福和好运，看起来非常可爱。

83 树下鸳鸯纹

辽代：树下鸳鸯纹绫

内蒙古阿鲁科尔沁旗耶律羽之墓出土
中国丝绸博物馆藏

　　此件暗花绫织物的图案被设计成圆形。图案
最下方为嶙峋的山石，石上长出一花树，枝叶繁
盛，从而构成图案的圆形外观，树下左右各站有
一只鸳鸯，其左侧一只作回望状。

84 卷草奔鹿方胜八鸟宝花纹

辽代：卷草奔鹿方胜八鸟宝花纹绫

内蒙古阿鲁科尔沁旗耶律羽之墓出土
中国丝绸博物馆藏

　　此件暗花织物图案为方形，主题图案为有树叶围绕的方胜纹样，方胜四边各有一只口含带状卷草纹样的奔鹿，卷草从奔鹿身下延伸一只到鹿尾。图案四角为迎面对视的两只小鸟。

85 簇四球路奔鹿飞鹰宝花纹

辽代：簇四球路奔鹿飞鹰宝花纹绫

内蒙古阿鲁科尔沁旗耶律羽之墓出土
中国丝绸博物馆藏

　　此件花绫织物采用簇四球路作为图案骨架，但与一般的球路图案不同，其由球路划出的空间变成四个尖窠的主题纹样区和八个梭窠的宾花纹样区。四个尖窠的纹样区分别是一对飞鹰和不同的宝花，八个梭窠纹样区则是各种姿势的奔鹿，鹿身长翘，有回首者，有前奔者。

86 回纹地团窠卷云双凤纹

辽代：回纹地团窠卷云双凤纹绫

内蒙古阿鲁科尔沁旗耶律羽之墓出土
中国丝绸博物馆藏

　　此件暗花织物底纹为回纹，主题图案为正方形，内有用卷云纹填充的团窠，团窠内有一对呈喜相逢布局的凤凰。凤尾和凤冠的样式带有典型的辽代凤纹特征。团窠外宾花为类草叶纹。

87 簇四球路孔雀花鸟纹

辽代：簇四球路孔雀花鸟纹绫

内蒙古阿鲁科尔沁旗耶律羽之墓出土
中国丝绸博物馆藏

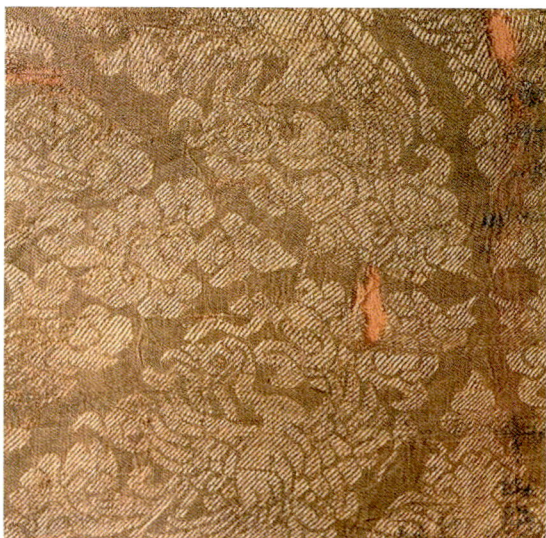

　　此件暗花织物是一件典型的异向绫，以簇四球路为骨架。其中心为一花卉，四边各有一飞翔的小鸟纹，鸟头朝外，四角各装饰一花卉图案，四周各有一孔雀纹样，外观呈橄榄型。孔雀图案在唐代已代表三品以上的官位。在辽代织物中，孔雀纹的应用更为频繁，形式也更为多样化，除飞翔状的，还有站立的形式。

88 卷云四雁衔花纹

辽代：卷云四雁衔花纹绫

内蒙古阿鲁科尔沁旗耶律羽之墓出土
中国丝绸博物馆藏

　　此件织物图案的布局直接继承了唐代团窠的结构，由主花纹样与宾花纹样二二错排而成。主花纹样是四只飞雁，雁首同向圆心衔花，与雁身相连的卷云绕于四周形成一圈卷云环，但此时卷云与雁翅相连，甚难区分环形与主题纹样，因此可以说这是一种变化的卷云团窠环。其宾花纹样是一朵宝花，造型并不复杂，但其尺寸倒很大，几乎与主花相仿。

89 水波纹地盘狮团凤纹

辽代：水波纹地盘狮团凤纹绫

内蒙古阿鲁科尔沁旗耶律羽之墓出土
中国丝绸博物馆藏

　　此件暗花绫的主要纹样由两种无环的团窠进行两两错排形成，一是四狮戏球纹，二是四凤戏花纹。此织物最为引人处是其地部纹样，这是一种水波纹，水波没有明显的规律，较细，可看见波浪翻滚的情景。由于团窠无环，水波纹一直深入到狮凤纹样的中间。

90 柿蒂窠花卉对鸳鸯纹

辽代：柿蒂窠花卉对鸳鸯纹刺绣

内蒙古阿鲁科尔沁旗耶律羽之墓出土
阿鲁科尔沁旗博物馆藏

　　此件绣品纹样采用柿蒂窠，略呈扁状，高8厘米，宽10.5厘米，二二错排，经纬向循环分别为14厘米和33.5厘米。窠中沿中心轴处为一莲，上为莲花，下为莲叶，两边是一对鸳鸯，或许也应称为鸂鶒。莲花莲叶以及柿蒂窠环均以平针绣成，鸳鸯则用三层套针绣成，最后所有纹样均用单根金线钉金勾边。

91 双凤云纹

辽代：双凤云纹刺绣

内蒙古阿鲁科尔沁旗耶律羽之墓出土
内蒙古文物考古研究所

此件织物的图案为两只飞翔的凤凰纹样，以喜相逢的形式排列。凤凰图案在辽代织物中广泛使用，尤其在绣品中更为常见，但并没有证据可以证明在那个时代凤仅适用于女性，而龙只适用于男性。

92 飞马纹

辽代：罗地飞马纹刺绣

英国 Rossi & Rossi Ltd. 藏

　　该件刺绣图案为对称的飞马，飞马体型健壮，后腿上扬很有动感，鬃毛、双翼及马尾等毛发丰满之处富有装饰感。飞马纹样的原形很有可能就是一种带有兽头、双翼和长尾的灵物赛姆鲁，它起源于中东。

93 鱼 纹

辽代：鱼纹锦

美国克利夫兰博物馆藏

　　辽代纺织品中出现了不少百衲饰品，其往往是由大小形状不同的丝织品经拼合缝成某一形状的饰品。此件织物属于百衲的一部分，应是一件辽式纬锦织物。其图案中心为一正视的花卉图案，四周围绕有四条游动的鱼，四条鱼头部两两相对，在空隙处装饰有十字宾花图案。

94 鸾凤花卉纹

宋代：黄地鸾凤花卉纹锦

美国大都会艺术博物馆藏

　　这件织物在黄色地上，以天蓝、青、橙、白、绿、褐、茶等色丝线缂织出各种飞禽与凤纹样，并以花叶均匀地铺满四周，有富丽的色泽、生动的纹样，还有整体对称的装饰效果。此类满地花叶凤鸟图案，在宋代缂丝织物中较为典型。

中国织绣服饰全集编委会.中国织绣服饰全集（织染卷）.天津：天津人民美术出版社，2004：228.

95 菱格雁蝶纹

辽代：蓝地菱格雁蝶纹锦

中国丝绸博物馆藏

　　这件斜纹纬锦织物残损较为严重，整体以蓝、黄、红色构成，以卷草纹形成菱形骨架，菱形间饰以红色朵花，菱形内分别填入四只对飞的大雁和四只蝴蝶纹样。

96 菱地团窠四雁衔花纹

辽代：菱地团窠四雁衔花纹锦

中国丝绸博物馆藏

　　此件斜纹纬锦织物采用了"锦地开光"的构图方式，在菱格纹地上装饰有团窠图案，其中团窠最中心为四瓣柿蒂小花，四角各有一只展翅飞翔的大雁，团窠的最外圈为一深蓝色的圆环，其中点缀缠枝花卉纹样。

97 菱格飞鸾纹

北宋：菱格飞鸾纹绞经纱

江苏南京大报恩寺塔地宫出土
南京市博物馆藏

　　这件织物基本为正方形，遍布皱褶，较为硬脆，有对称性污点和一处小破损。绞纱地上以纬浮长显花，幅边为1/1平纹。一个单位纹样由九个元素构成，中间是一个有内外两层的菱格纹，环绕它的是四只姿态活泼、栩栩如生的鸾。鸾头回顾，展翅飞翔。相邻鸾尾之间是内层为四瓣朵花的小菱格纹，相邻鸾翅之间有一六瓣朵花。纹样呈散点排列，疏密得当，虚实相宜。织物织造精细，纹样高贵大气，是一件质量上乘的丝织品。

98 花鸟纹

辽代：绫锦缘刺绣皮囊1

中国丝绸博物馆藏

　　这是绫锦缘刺绣皮囊的其中一面，以皮质为绣底，采用满地的锁绣针法。图案呈左右对称，在上方是三朵盛开的牡丹花，呈品字形排列，两角各有一只蝴蝶，最下方是一花树，两侧各有一鸟。

99 春水纹

辽代：绫锦缘刺绣皮囊2

中国丝绸博物馆藏

　　这是绫锦缘刺绣皮囊的其中一面，以皮质为绣底，采用满地的锁绣针法，绣出四只飞鸟，在四鸟之间是一个海东青追捕野兔和野鹿的场面。这与辽史记载的辽帝行至"春捺钵""鸭子河泺"进行狩猎活动情景相吻合，称为"春水之饰"。

其他纹样

100 瓣窠人物纹

辽代：黄地瓣窠人物纹妆花绫

中国丝绸博物馆藏

　　这是一件妆花织物。其主题图案为一八瓣形瓣窠，窠内以一栏杆将图案分为上下两个部分，其下方为一莲塘，塘中荷花盛开，有些已结有累累莲蓬，上方有三位女子正在观荷，右边的女子手持伞盖，似为一主二仆，窠内最右方还有一山石。

101 团窠蔓草仕女纹

辽代：四入团花绫地泥金填彩团窠蔓草仕女纹绫

内蒙古阿鲁科尔沁旗耶律羽之墓出土
内蒙古文物考古研究所藏

　　此件织物的底料为一暗花绫织物。其上用泥金方法勾出图案，以纤弱的蔓草作团窠环，环径约为7厘米。其中为一亭亭玉立的女子，梳蝶形发髻，面部圆润，体态丰腴，穿宽袖上衣、高腰长裙，披云肩，一手持一枝花卉。纹样除用泥金勾勒以外，还在花环的草叶中、人物的头发和云肩上均涂有一种灰色，凡涂有此色处织物似特别容易残破，不知为何物质。

102 盘球纹

辽代：盘球纹绫

内蒙古阿鲁科尔沁旗耶律羽之墓出土
内蒙古文物考古研究所藏

　　此件织物的图案为由盘绦卷绕而成的大球，大球之间再以绦带盘绕连接。自唐代起史料中就有"盘绦绫"的记载，宋代与球名织物相关的记载更多，凡如同彩球状的纹样均可称为大球纹或盘球纹，如《宋会要辑稿·仪制九》有"盘球晕锦""盘球云雁细锦"等名，可能指的就是这一类纹样。此件织物应该正是宋代十分流行的球纹中的一种。

103 盘球绶带纹

辽代：紫地白描盘球绶带纹绫

内蒙古阿鲁科尔沁旗耶律羽之墓出土
中国丝绸博物馆藏

　　此件织物的底部为一暗花绫织物。其图案中心为由绶带结成的团花纹，层层叠叠，颇有层次感，在团花的空隙处点缀四瓣小花图案。上下左右的四个团花之间同样以绶带连接，相对较为简洁。其上又以白色颜料按图案的边缘进行勾边，使得原来暗花织物的图案更加凸显，这种工艺在同时期的辽代织物中十分常见。

104 云 纹

辽代：云纹花绫

中国丝绸博物馆藏

此为纬二重织物。其主题图案为云纹，呈灵芝状，织造时采用分区换色的工艺。据保存状况观察，其云纹一行为黄色，一行为绿色，其中绿色的云纹体量较黄色小，上下两行云纹呈向背排列。

105 云 纹

辽代：刺绣云纹罗鞋

中国丝绸博物馆藏

　　此件刺绣罗鞋鞋头上翘，鞋口甚宽，前饰一条罗带。鞋面以锁绣针法绣出云纹，其绣线的色彩及刺绣风格与靴子上的绣法均十分接近。辽代的鞋出土很少，目前所知见于报道的还有一件，出自内蒙古巴林左旗林东镇，鞋面绣有水波纹，款式与此基本一致。

106 水波纹

辽代：水波纹缂丝

中国丝绸博物馆藏

　　这件缂丝残片以水波纹为主题图案，层层叠叠，纹样匀称，色彩鲜艳。

107 杂宝纹

宋代：黄色杂宝纹绫

中国丝绸博物馆藏

此件暗花绫织物以杂宝纹为主题图案，可辨认的有双胜、犀角、银锭、珊瑚、火珠和小型折枝花，其中每行有两种杂宝，上下两行图案则呈二二错排。

108 火焰纹

南宋：交领火焰纹花絁夹衫

浙江黄岩赵伯沄墓出土
黄岩博物馆藏

　　絁是一种粗绸，通常以一梭粗纬一梭细纬交替织入，从而在织物表面形成畦纹效果。图案以山形直线形成骨架，其上点缀火焰纹，一行火焰头向上，一行火焰头向下，整个纹样呈现无限延伸的状态。

文物图片来源（数字为本书纹样编号）

阿鲁科尔沁旗博物馆　18，90

巴林右旗博物馆　4，11，79

北京故宫博物院　27，64，65

福建博物院　28，29，31，58，59，60，61，62

和田博物馆　6，12，54

湖南省博物馆　57

黄岩博物馆　15，16，108

美国大都会艺术博物馆　63，94

美国克利夫兰博物馆　93

南京市博物馆　7，12，19，20，21，23，30，31，32，33，34，52，71，97

内蒙古博物馆　6，8

内蒙古文物考古研究所　55，91，101，102，

宁波市文物考古研究所　14

私人收藏　25

英国 Rossi & Rossi Ltd.　92

镇江市博物馆　13

中国丝绸博物馆　1，2，3，5，9，10，17，22，24，26，35，36，37，38，39，
40，41，42，43，44，45，46，47，48，49，50，51，53，56，
66，67，69，70，72，73，74，75，76，77，78，80，81，82，
83，84，85，86，87，88，8995，96，98，99，100，103，104，
105，106，107

后　记

　　此书是国家科技支撑计划课题"中国丝绸文物分析与设计素材再造关键技术研究与应用"子课题"古代图像中的纹样信息提取与设计元素分析"的后续成果。同时，此书也是教育部人文社科项目"辽宋西夏金时期的丝绸技艺研究：以考古实物为中心"（17YJCZH006）的科研成果之一。

　　辽宋时期的丝绸文物出土比起汉唐、明清时期相对较少，且保存情况多数不佳，特别是褪色情况严重，图案难窥全貌，故而复原图绘制的难度很高。所以，当时在课题研究的过程中，因为时间的紧迫性，所绘制的这个时期的图案复原图数量较为有限。当要将此成果结集出版时，如何收集到足够多的图案，并确保每个重要墓葬都有代表性织物被收录，这成为我接手本书编写工作时，不得不面对的一个重大问题。为此，我特邀了我的师妹，浙江理工大学的蔡欣博士加入此书的编写工作，蔡欣博士是一位致力于宋代染织服饰史论的青年学者，她的博士论文题目就是"基于考古实物的宋代丝绸染织技术及纹样风格研究（公元960—1279年）"，她同时也担任了教育部人文社科青年基金项目"辽宋西夏金时期的丝绸技艺研究：以考古实物为中心"项目负责人，对辽宋时期，尤其是两宋时期丝绸的织造技术和图案艺术颇有研究。作为此书的副主编，蔡欣主要负责图案复原部分的工作，还亲自绘制了其中部分复原图，而我则主要负责文字部分的工作。我们的工作互有穿插，并时常就进度和内容进行沟通，正是因为这种有效的分工合作，最后才有了此书的顺利诞生。

　　经过我们的共同努力，本书对江苏南京长干寺北宋地宫、江苏镇江金周瑀墓、浙江余姚史嵩之墓、浙江黄岩赵伯沄墓、福建福州黄昇墓、江西德安南宋周氏墓、福建福州茶园山宋墓、内蒙古赤峰市阿鲁科尔沁旗辽代耶律羽之墓、内蒙古兴安盟代钦塔拉辽墓、内蒙古巴林右旗辽代庆州白塔天宫等出土丝绸文物的辽宋墓葬基本都有涉猎。加上由香

港收藏家朱伟基、卢茵茵伉俪捐赠给我馆的一批辽代丝绸旧藏，本书所复原的丝绸图案
具有了全面性。

　　最后，我们要对参与本书图案复原图绘制和资料整理工作的各位学友表示诚挚的感
谢，特别是浙江工业大学的王晓婷同学，浙江理工大学的沈国钰、孙浩杰、沈泓铭和徐
玲玉同学，中国美术学院的李爽和麦月晴同学，东华大学的安薇竹、段光利、陈爽爽、
朱桐莹、苗荟萃、李影、王倩倩、张翼、朱意、买发元、刘慧泉同学以及我的同事孙培
彦。感谢浙江理工大学的张兴枝同学帮助我们整理资料。由于此项目前后历时三年，参
与人员较多，名字不能一一尽录，文中图作的作者名字也未能一一对应，我们在此一并
表示歉意和致谢。

徐　铮

2017年12月于中国丝绸博物馆

图书在版编目（CIP）数据

中国古代丝绸设计素材图系. 辽宋卷 / 徐铮，蔡欣编著. —
杭州：浙江大学出版社，2018.5（2021.11重印）
ISBN 978-7-308-17791-7

Ⅰ. ①中… Ⅱ. ①徐… ②蔡… Ⅲ.①古丝绸—丝织工艺—中
国—辽宋金元时代—图集 Ⅳ. ①K876.9-64 ②TS145.3-64

中国版本图书馆CIP数据核字（2017）第329857号

中国古代丝绸设计素材图系 · 辽宋卷

徐 铮 蔡 欣 编著

策　　划	包灵灵　张　琛
责任编辑	包灵灵
责任校对	陈思佳
封面设计	赵　帆　续设计
出版发行	浙江大学出版社
	（杭州市天目山路148号　邮政编码 310007）
	（网址：http://www.zjupress.com）
排　　版	杭州林智广告有限公司
印　　刷	浙江海虹彩色印务有限公司
开　　本	889mm×1194mm　1/16
印　　张	9.25
字　　数	140千
版 印 次	2018年5月第1版　2021年11月第3次印刷
书　　号	ISBN 978-7-308-17791-7
定　　价	168.00元